Nu te găsesc pe nicăieri

Nu te găsesc pe nicăieri

LAURA IONESCU

Narator
POVEȘTI REALE, BINE SCRISE

Descrierea CIP a Bibliotecii Naționale a României
IONESCU, LAURA
Nu te găsesc pe nicăieri / Laura Ionescu. - București : Publica, 2021
ISBN 978-606-722-456-6

821.135.1

NARATOR este o marcă înregistrată a editurii PUBLICA

EDITORI: Cătălin Muraru, Silviu Dragomir

DIRECTOR EXECUTIV: Adina Vasile

REDACTOR ȘEF: Ruxandra Tudor

DESIGN COPERTĂ: Alexe Popescu

REDACTOR: Luana Crăciun

CORECTORI: Rodica Crețu, Paula Rotaru

DTP: Florin Teodoru

cuprins

„Doar ceea ce e greu de spus merită spus."
– Aleksandar Hemon, *Asta nu-ți aparține*

Surorii mele, Andreea.
Celorlalte femei pe umerii cărora stau astăzi.
Profelor mele de română, Iuliana Coja și Iuliana Cîrje.

Cuvânt-înainte

POVEȘTILE SUNT RĂNI, ÎNSĂ SUNT ȘI VINDECARE

În 2019, Laura Ionescu a scris pentru DoR un text despre casa din cartierul bucureștean în care a crescut. Era o casă vagon, lungă și încăpătoare, cu „o grădină-orchestră în care înfloresc toate florile pe rând, de la prima zvâcnitură a primăverii și până la primul strat de zăpadă". Casa a fost obiect de litigiu și una dintre victoriile mamei Laurei, care s-a luptat aproape un deceniu cu birocrația retrocedării. În copilărie, Laura nu era atentă la lupta mamei pentru casă. Mai degrabă, pocnea găini, gătea corcodușe și-și punea întrebări despre pivnița de sub camera din față. Amintirea pivniței e și cea care a generat eseul din 2019, o călătorie în trecutul familiei pe care Laura a făcut-o ca să afle, din dosarele fostei Securității, despre istoria unui străbunic care e posibil să fi torturat acolo tineri simpatizanți comuniști.

Astăzi, casa în care a copilărit Laura nu mai e. Și nu mai e nici mama Laurei.
Însă există această carte, cu poveștile pe care Laura le spune despre cine a fost femeia care a crescut-o și despre legătura care a existat între ele. E și povestea casei acolo, de data asta spusă altfel. „Mama lipsea mult de acasă pentru că trebuia să muncească de două ori mai mult",

scrie Laura. „O dată pentru noi și-o dată pentru că voia să recupereze casa naționalizată din Dămăroaia, ca să ne putem muta acolo, la mamaie. Mie nu-mi păsa de casa aia deloc. Voiam să stau cu ea acum. O așteptam acum. Voiam să vină acum. Copiii sunt egoiști, dar sunt și sinceri cu nevoile lor".

Laura se simte în largul ei scriind despre trecut. E un spațiu care o atrage cu rănile lui, niște răni care dor, dar despre care crede că pot fi vindecate odată scoase la lumină. E o lecție pe care a învățat-o din familie: dă jos plasturii de pe julituri, ca să ia pielea aer.

„Nu o voiam pe mama într-un viitor, o voiam pe mama prezentă atunci", scrie Laura despre perioada în care mama se lupta pentru retrocedare. „Am rămas cu sentimentul ăsta, că aș mai fi putut s-o iubesc și că n-am apucat s-o fac cât aș fi vrut, până la capăt. Mama s-a terminat prea repede".

Această carte e povestea timpului pe care au apucat să-l petreacă împreună, mamă și fiică, dar e și povestea călătoriei pe care o face fiica cea mică, mulți ani mai târziu, ca să descopere o femeie mai complexă decât cum o pricepea în copilărie. Laura știe acum că lupta mamei pentru casă era și o formă de a căuta, la oraș, un loc care să semene cu satul din care venea, un loc în care putea să umble desculță, unde putea lucra cu pământul, unde putea să se odihnească.

Ăsta e cel mai frumos cadou pe care ni-l face Laura: oportunitatea de a face cunoștință cu un adult pe care ea l-a cunoscut mai degrabă doar ca pe o mamă. Dar mama era și ea copil, era și o femeie tânără care la 35 de ani a trecut dintr-un regim politic în altul cum a putut, care făcea contabilitate pentru firme care visau la îmbogățire în tranziție, care creștea două fete cărora nu le putea oferi tot ce-și doreau, care s-a luptat cu cancerul în tăcere, care și-a făcut datoria.

E un exercițiu complicat să-ți cunoști mama ca un adult. După ce ani de zile e sursa unică de siguranță, cea care oferă permisiune (dar pe care o poate lua oricând înapoi), cea care te învață despre lume și cum să-ți găsești locul în ea, vine un moment în care îți dai seama tot ce nu știi despre ea și tot ce nu aveai cum să știi, căci mamele și copiii nu vorbesc despre asta.

Laura vorbește despre asta, despre tot ce își amintește și tot ce înțelege azi, într-o serie de texte-scrisori de dragoste pentru mama căreia îi datorează modul în care iubește lumea și oamenii, chiar dacă ei se încăpățânează să nu fie mereu demni de iubirea asta.
„Am vrut s-o recompun din ce îmi aminteam, dar memoria e un labirint, iar eu m-am pierdut în el", scrie Laura. „Am scris ce-mi aminteam pentru că am vrut să-mi trăiesc durerea până la capăt ca să-mi pot trăi viața până la capăt. Nu aș fi vrut să scriu cartea asta, iar ea și-ar fi dorit să nu scriu niciodată despre ea, sunt sigură. Și-ar fi dorit să fi însemnat mai puțin pentru noi, dar ea a fost *atât de multe.*"

Cartea Laurei e și ea atât de multe și suntem norocoși toți cei care ne vom regăsi mamele în ea. E un mulțumesc și o despărțire. E o rană deschisă și e vindecarea ei. E o întoarcere în trecut, făcută ca să poți privi către viitor.

Cristian Lupșa
Editor DoR (august 2021)

Dobrogea

Mimi își petrecea întotdeauna vacanțele mergând acasă, la familia ei. Nu se mutase în vreo țară străină. Plecase din comuna Băneasa, un buric pe burta generoasă a Dobrogei, la București. Sora ei rămăsese mai aproape, în Constanța, dar ea își dorise de mică să învețe și să ajungă la oraș. La oraș, oamenii aveau canapele, șifoniere mari, televizoare și o viață mai ușoară. Cel puțin, așa părea. Nu trebuia să te duci la veceul din curte când era iarnă și ger sau vară și viespi. Nu plecase din Băneasa cuprinsă de furia celor care nu vor să mai privească niciodată înapoi. Plecase pentru că putea să vadă clar limita binelui pe care satul natal i-o impunea, ceea ce însemna că știa cât de departe putea să ajungă în viață acolo. Nu foarte. În afară de câteva slujbe la stat (Oficiul Poștal și altele de genul), putea să lucreze la moară sau ca vânzătoare la magazin. Însă ea își dorea mai mult. Voia să reușească, iar a reuși era o așteptare pe care nu era dispusă să o negocieze decât cu ea însăși. A reuși însemna pentru ea să ajungă mai departe decât toți, ca să-i poată ajuta pe toți.

Și reușise. Reușise să ajungă la București, să supraviețuiască într-un oraș imens, agitat și gata să se ia la bătaie cu oricine, ca bețivanul nervos din crâșma satului:

claxoane, înjurături, flegme, dubioși care te pipăiau prin tramvaie și troleibuze de parcă alegeau roșiile în piață. Se îndrăgostise și se căsătorise cu un bărbat brunet, înalt și proaspăt întors din armată, ceea ce îi plăcea, fiindcă asta însemna că fusese deja disciplinat. Teoretic, fiindcă Gigi era dezordonat, visător și predispus la a se pierde în vastele universuri din mintea lui. Mimi și-ar fi dorit să intre la Facultatea de Chimie, pentru că asta o fascina: elementele chimice, reacțiile chimice, experimentele de laborator. Să stârnească reacții. N-a mai intrat, fiindcă a rămas însărcinată cu primul ei copil. A ales să fie mamă și a descoperit cum se schimbă formula chimică din care suntem făcuți când devenim părinți. Avea 22 de ani când a cunoscut-o pe Andreea, copilul ei, copilul care crescuse în ea timp de nouă luni și care și-a declarat independența încă de la primul țipăt pe care l-a tras pe lume. Andreea avea ochi migdalați, de tătar. Tatăl ei părea să fi fost tătar, așa că Mimi a considerat întotdeauna că Andreea era victoria ei. Aducea bine cu acest neam și mai era și fată. Ca să nu-l supere pe Gigi, îi băgase în cap ideea că bărbații care fac fete sunt șmecheri. Nu înțelesese niciodată mândria stupidă de a avea băiat, de parcă trăiau în continuare într-un stat medieval sau de parcă aveau vreo împărăție de lăsat moștenire, dar Gigi ținea să aibă și el un băiat.

A găsit un serviciu mai bun decât orice i s-ar fi oferit în Băneasa. Nu era ușor să te angajezi la Mecanică Fină. În 1990, la 35 de ani, a născut cel de-al doilea copil, un copil pe care nimeni nu-l mai aștepta. De fiecare dată când își doriseră un frate mai mic pentru Andreea, el nu mai ajunsese. Încercase timp de 13 ani. Mimi pierdea mereu sarcinile pe la cinci-șase luni. Era prețul pe care îl plătea în urma unor avorturi făcute cu leacuri băbești în baie, alături de o prietenă, când regimul nu permitea asta. În 1990, la două zile distanță de ziua ei de naștere, Mimi a primit cadou încă o fată. Avea ochii mari, deschiși și curioși, gata să-i arunce în lume ca pe două grenade, gata să nu lase nimic nevăzut. I-a pus un nume care îi amintea de grădina de acasă și de sora ei.

În același an a renăscut și ea: a făcut cursuri de specializare și a ajuns contabil-șef. Câștiga bine, avea salariu bun. Până când n-a mai avut: din cauza tranziției, banii și-au pierdut valoarea, iar mult a devenit puțin. Când crezi că l-ai prins pe Dumnezeu de picior, îți dai seama că el n-are glezne.

Mimi a iubit Băneasa cu încăpățânarea de care dăm dovadă când ținem cu dinții de o iubire neîmplinită, poate fiindcă asta era – nu putuse să iubească Băneasa până la capăt, până la capătul de poveste în care rămânea de tot acolo. Nu iubea pe ascuns, în tăcere, fiindcă nu era nimic de ascuns. Era mândră că e din Dobrogea, era mândră că era țărancă. Își iubea părinții pe atât de mult pe cât îi respecta, un respect care lăsase urme de curea pe spatele ei. Taică-su fusese un om aspru. Făcuse și pușcărie. Avea fitilul scurt, așa că lua foc repede și exploda la fel de repede. Le bătea și pe ea, și pe sora ei când erau mici. Dar Mimi lăsase toate astea în urmă ca pe niște haine găurite pe care nu le iei cu tine în concediu (concediul vieții ei la București) și-l iubea în continuare, chiar dacă nu mai trăia, pe *„tăticul”*. La fel și pe *„mămica”*, o femeie cu ochi nehotărâți între albastru și verde, care îi spunea *„departe mai ești, maică”* de fiecare dată când se auzeau la telefon, duminica. Cuvintele ei intrau în inima lui Mimi ca boldurile în pernuța de ace. Acolo au și rămas. Se simțea vinovată pentru că își dorise să plece și reușise să se descurce. Mimi trimitea bani de lemne, bani de buzunar, bani de una și de alta. Dacă era nevoie, Mimi făcea rost și Mimi ajuta. Iar tușa Tanța, mama ei, le trimitea găini, carne în untură, legume. De când plecase din Băneasa, Mimi mergea acolo în concediu o săptămână pe an.

Odată cu trecerea timpului, locurile pe care nu crezi că vrei să le mai vezi devin cele la care abia aștepți să te întorci. Își pregătea venirea din timp. Cumpăra suvenire din București pentru toată lumea. Scotocea în dulap după haine care le-ar fi plăcut verișoarelor, cumpăra spray-uri și săpunuri pentru toată lumea, strângea bani, lua dulciuri pentru copiii mai mici din familie. Cumpăra țigări, rujuri și parfumuri. Mici chestii care să le amintească celorlalți că e încă acolo sau de acolo, nefiind de fapt acolo. Nimeni din Băneasa nu aștepta Crăciunul așa cum o aștepta pe Mimi. Era atât de darnică, atât de generoasă, încât dădea și din hainele pe care le adusese ca să le poarte ea, dacă apărea vreun vizitator căruia i se potriveau. Când fetele au crescut și hainele le-au rămas mici, Mimi le-a dat copiilor necăjiți din sat. La Băneasa, Mimi simțea că nu mai are nevoie de nimic altceva decât să fie acolo. Dădea tot ce putea fi dat. Ar fi dat toate hainele și s-ar fi rostogolit goală prin iarba din grădină dacă ar fi putut, dar nu putea. Ar fi speriat găinile și porcii, s-ar fi înțepat în frunzele dovlecilor sau ar fi distrus răsadurile de roșii. Se întorcea acasă și se întorcea cu totul. Își aducea și familia.

La început pe Gigi și pe Andreea, apoi și pe cea mică. Dacă Gigi era obișnuit, fetelor nu le plăcea deloc, fiindcă în vacanțele astea trebuiau să pună mâna și să ajute prin casă. Gâștele le alergau tot timpul, cocoșii săreau să le bată, oricât s-ar fi spălat erau pline de praf, le ciupeau tot felul de gâze urâte și suspecte. Pe pereții casei cu prispă vedeau miriapozi extratereștri, urechelnițe oribile și păianjeni cu cruce imenși și plini de intenții rele. Oamenii intrau și ieșeau din curte de parcă erau la ei acasă. Nu știai niciodată când te prindea cineva și țesea în jurul tău o pânză de povești, ore întregi.

Copiii din sat aflau că veniseră bucureștenii și le alergau pe fetele lui Mimi cu șerpi morți înfipți în bețe. Uneori, șerpii nu erau chiar atât de morți precum păreau și fetele goneau ca iepele pe uliță înapoi acasă. Aveau multe motive pentru care nu le plăcea la Băneasa. Mai era veceul din grădină, la care nu aveai cum să ajungi noaptea. Dacă erai copil, îți era teamă. Dacă erai om mare, îți era lene. Nu știai niciodată ce țânțar o să te ciupească, ce muscă o să te enerveze, ce piatră o să te împiedice. Acolo unde cele două fete crescute în București vedeau pericole, praf și posibilitatea de a muri la cel mai mic pas greșit, Mimi vedea liniște, cuib, simplitate.

Mimi nu avea ochi decât pentru stelele care se înghesuiau pe cerul Dobrogei. Nu vedea cuibul de viespi din buda de lemn, vedea libertatea de a nu trage apa și plăcerea de a se spăla pe mâini cu apa rece din cișmea. Unde bucureștenii vedeau tot ce le displăcea mai tare, Mimi vedea magie. Concediul la Băneasa era săptămâna ei de fericire și reușea să se bucure de ea în timp ce ignora chițăitul unor copii care nu puteau să pățească nimic mai rău decât să rămână niște mofturoase de oraș. Natura nu era mereu despre cerul senin, ci și despre furtună: supraviețuiești cu ce ai și te bucuri din orice. Le trimitea la călărit fără șa pe dealuri, la numărat porcii de pe fostul loc al ceapeului* din spatele casei. Le punea să mănânce raci (roșii uscate în soare) și nalangâte (gogoși întortocheate tăvălite în mult

* C.A.P. = Cooperativa Agricolă de Producție, formă de organizare a agriculturii în comunism, în care țăranii dețineau pământul în comun, primind pentru munca prestată cotă parte din recoltă. Din păcate acest gen de organizare a fost unul forțat, nu voluntar.

zahăr). Le-a învățat gustul porumbului fiert și copt, le-a dat să ronțăie pâine făcută în cuptorul de lut din curte, tocănițe de legume și roșii proaspăt culese, atât de coapte încât explodau sub cuțit. Duminica, mergeau la târgul din sat de unde nu cumpărau nimic. De fapt Mimi cumpăra, dar cumpăra ceva ce nu era de vânzare: poveștile celorlalți. Îi știa pe toți și îi întreba ce mai fac și ce-au mai făcut. Ignora toate răutățile referitoare la faptul că plecase de acolo (de parcă ar fi uitat vreo clipă asta) cu naivitatea enervantă a unui copil care nu s-a prins că încercai să fii rău cu el. Era fată de la oraș, dar era și fată de la țară.

O bucura drumul lung până la Băneasa. Își transforma poveștile în dumicați – așa le ademenea pe fete ca pe niște vrăbiuțe în locul în care nu voiau să meargă. Se suia în tren cu sarsanale și bagaje, cobora la Constanța și de acolo lua o rată până la Băneasa. Rata făcea câteva ore pe drumuri neasfaltate. Geamurile erau lipite ca niște ochi urduroși, așa că înăuntru era o căldură stătută și părea să fie mereu pe ultimul său drum înainte să ajungă la fiare vechi. Lui Mimi i se lipea fusta de scaunul de vinilin din cauza transpirației. Se temea că ar putea să-i rămână carnea sudată de scaunele din care ieșeau cocoloașe de burete galben. Dar mergea acasă. Privea unghiurile aride ale dealurilor Dobrogei prin geamul prăfuit. I se părea că partea asta a României îmbătrânise frumos. Le povestea fetelor despre Adamclisi și despre peștera Sfântului Andrei și despre Negru Vodă și ce făcuse el. Uneori le prindea, așa cum prinzi peștii cu cocoloașe îndulcite de pâine, alteori, nu. Uneori mușcau, dar nu le putea scoate din apele lor.

Mimi nu a ascuns nimic de copiii ei. Le povestea cum ai ei erau atât de necăjiți când era mică încât își dorea să plouă cu eugenii, ca să poată mânca ceva dulce, cum călcase cu toată talpa pe vătraiul încins care i-a străpuns piciorul și a ieșit pe partea cealaltă, cum stătea în porumbar și citea toate ziua. Le zicea și că atunci când era mică își dorea să fie bolnavă, pentru că alea erau momentele în care mamaia ei o răsfăța cu biscuiți și ceaiuri. Nu le spunea toate astea cu tonul de reproș al părintelui care vrea să le scoată ochii pentru cât sunt ei de norocoși, ci cu tonul părintelui care cunoaște cantitatea infinită de magie din mărunțișuri pe care n-am crede că ni le vom aminti pentru totdeauna.

În fiecare vară, Mimi năvălea înapoi acasă ca un tătar, cu pasul ei mic și hotărât, de căpitan al unei familii. Zicea mereu că *„bărbatul este capul familiei, dar femeia este gâtul"* în timp ce-l vrăjea pe Gigi să care bagajele peste tot și să se ducă la magazinul din sat când ea n-avea chef. Rămânea să bea un șpriț și să fumeze o țigară cu mama ei pe prispă. Stăteau așa, fără să-și spună nimic, ca doi oameni siguri pe ceea ce simt unul pentru celălalt. Își trăgeau sufletul și împărțeau liniștea. Tușa Oița, sora Constanței, cobora din deal cu bunătăți când afla că a venit Mimi, asta dacă nu era deja la tușa Constanța, ca s-o aștepte împreună. Uneori stăteau toate trei și nu-și ziceau nimic, bibelouri care curățau porumb și numărau găini în gând.

Femeia asta, cu pasul ei de general micuț, cu ochi scăpărători și cu un râs care te cutremura cu fericirea și forța lui, este mama mea. La fel de tare tuna și fulgera când făceam prostii. Copilul care voia să plece mai repede din Băneasa eram eu. A trecut suficient de mult timp de-atunci încât să știu că ce-am lăsat din mine acolo a încolțit și mă cheamă înapoi.

Aceeași voce o chema și pe mama înapoi în fiecare vară.

Muzica

„Poate ar fi o idee bună să te gândești să te faci altceva, nu balerină."

Asta mi-a zis mama într-o sâmbătă, când dansam în bucătăria noastră de la etajul șapte pe *Anotimpurile* lui Vivaldi. Ce nu știa ea era că, atunci când nu fusese atentă, băusem din paharul ei cu vin. Mă roteam pe covor și linoleum ca un viermișor beat, cu mâinile pe deasupra capului. Poate se prinsese, fiindcă eram doar noi două. Nu știu unde erau ceilalți. Nu știu dacă soră-mea era în altă cameră sau era plecată prin oraș cu prietenele ei, nu știu nici dacă tata era dincolo, la meci, sau la piață, fiindcă-l trimisese mama să cumpere țelină. Ce știu e că eram noi două. Mama dirija legumele în ciorbă pe Vivaldi și eu îmi imaginam că sunt de o grație nepereche și că la un moment dat voi avea un spectacol pe o scenă mare, precum cea din sala de festivități a școlii. Până îmi reușea planul, făceam spectacol în bucătăria noastră.

Multe locuri par cu mult mai mari când ești mic. Dar bucătăria noastră era supermare și avea de toate: o canapea, masă cu o mușama colorată, scaune, un dulap vopsit de tata într-un verde turbat, ca o primăvară agresivă și radioactivă, un dulap din care ne zâmbeau paharele desperecheate și cănile primite la pomeni. Aragazul stătea în fața geamului care dădea în balcon. Aveam și câteva alte bufete pe care mama toca, amesteca, condimenta. Și, aparent, aveam și spațiu să mă manifest creativ pe lângă ea, care gătea de parcă ar fi dezamorsat o bombă. Stomacurile noastre depindeau de ea, treabă serioasă. O întrebam mereu „*Mama, cu ce pot să te ajut?*" și ea-mi zicea „*Apucă-te de cur și sari în sus*".

Fix asta și făceam. Numai copiii pot interpreta literalmente ceea ce le spui, fiindcă imaginația infinită nu are figuri de stil. Mama m-a potolit cu altă poveste. „*Știi de ce ascult muzică înainte să fac ciorbă?*" „*Nu, de ce?*", am întrebat eu, gata să fac loc unei noi povești în bucătăria în care deja se întâmplau prea multe. „*Pentru că, atunci când legumele ascultă muzică înainte să le fierbi, ciorba are gust mai bun.*" Cu degetele ude de la cartofii pe care-i lăsase în apă, mama a dat muzica mai tare la casetofon, și-a aprins o țigară și a băut un pic din paharul de vin început de mine. Tăceam și mă gândeam la ce-mi zisese. Avea tot sensul din lume. Oamenii erau mai buni când ascultau muzică, deci și legumele trebuiau să fie. Îi vedeam pe ai mei la petrecerile noastre de sufragerie. După câteva pahare de vin adus de la țară în sticle de plastic, puneau muzică și începeau să se înveselească. Soră-mea se ascundea de ei în dormitor, eu profitam de ocazie ca să mai cer o felie de tort, știind că nu puteau să-mi refuze fericirea când o trăiau așa pe a lor. Mama zâmbea cu gura ei mare și tata o răsucea în piruete pe covor.

Ne petreceam duminicile cu Mărioara Murărescu și Tezaurul ei folcloric. Mama reușea să își dea seama de proveniența compozițiilor de la primele acorduri. Pe tata nu-l prea interesa muzica populară. Pe mama însă, da. Cred că îi amintea de Băneasa. Vorbea întruna despre cum muzica populară este zestrea poporului nostru. Și cât de importantă e pentru noi. Și cum ar trebui să ascultăm toți muzica asta, cum ar trebui să ne lipim urechile de pământ ca să ascultăm cum bat în noi inimile de români. Eu nu simțeam același lucru. Mie-mi plăceau videoclipurile la care se uita Andreea, cum era *Thriller*-ul lui Michael Jackson. Când l-am văzut prima oară, m-am speriat atât de tare de zombi încât m-am ascuns sub pătură, în timp ce Andreea făcea mișto de mine imitându-i p-ăia din videoclip. Credeam că în televizor erau oameni reali, deci și zombii erau reali. Multă vreme le-am răspuns prezentatorilor de emisiuni crezând că îmi vorbesc mie, până când mi-am dat seama cum funcționează de fapt un televizor. Nu era un dialog, chiar nu era. Un singur om le vorbea tuturor fără să aibă nevoie de răspunsuri. Nu aveai cum să te bagi în seamă decât dacă sunai și intrai în direct. Nu știu dacă nu care cumva mi-a explicat mamaie că nu e nevoie să vorbesc cu televizorul sau m-am prins singură de la un punct încolo, dar, da, făceam asta. Uneori, copiii sunt înfiorător de triști în singurătatea lor. Sau foarte amuzanți. Eu eram ambele.

Ascultam muzică în fiecare zi, când soră-mea se întorcea de la liceu. Duminica ne uitam la Tezaur folcloric, după ce mama suna la Băneasa și vorbea cu mama ei. Ascultam muzică la petreceri. Mamaie, mama tatei, care stătea în Dămăroaia, unde ai mei mă lăsau verile, avea un radio vechi în bucătărie. Până și ăla hârșâia melodios pe canalele cu frecvență mai bună. Mama nu discrimina, găsise în ea spațiu pentru a iubi toate felurile de muzică din lume: populară, clasică, formațiile românești nou apărute, gen Albatros. Când am crescut, ascultam împreună casetele cu Andrè și Valahia.

Soră-mea a plecat în Canada în 1996. Atunci n-am mai ascultat nimic, fiindcă pe mama o durea sufletul și nu voia ca muzica să o facă mai fericită. Știu că a durut-o, fiindcă ne iubea ca pe ochii din cap: Andreea era ochiul stâng, eu eram ochiul drept.

Andreea s-a întors prima oară acasă în 1998. Îi fusese dor de România. Canada era minunată: un tărâm al făgăduinței cu multe magazine, produse ieftine și opțiuni nesănătoase, dar delicioase, de mâncare. Ea voia în schimb să audă muzică românească, să mănânce sarmale și ardei umpluți, să stea cu capul în poala lui mamaie și să fumeze cu mama în bucătărie. Ne adusese atât de multe din Canada încât ziceai că eram sinistrați.

Soră-mea m-a luat într-una dintre expedițiile ei la Piața Obor ca să spargem banii făcuți în Canada pe casete românești. Erau destul de scumpe. Am cumpărat ce am găsit, printre care și o casetă de BUG Mafia. Ne-am întors cu ea acasă. Mama gătea – asta era una dintre marile ei bucurii: să gătească pentru cei pe care îi iubea. Dacă am fi avut loc în casă, cred că ar fi construit și-un *vomitorium*, doar ca să ne facă să mâncăm mai mult. Soră-mea a pus caseta cu BUG Mafia, pe care am început să o ascultăm toate trei. Eram în Pantelimon. Dacă eu și mama nu aveam neapărat mândrii legate de apartenența la cartier, mă gândesc că poate soră-mii i se părea ceva important că e din Pantelimon (nu, nu-i păsa, am aflat după). A început un interludiu, un fragment care semăna cu o reclamă, în care o voce pițigăiată prezenta un produs. La final se auzea o voce de bărbat care zicea „*Gigi ultra plus – te fute de-ți sar flocii pe pereți*”. Mama și soră-mea s-au uitat una la cealaltă și au început să râdă zgomotos. Eu nu știam de ce râd. Nu prea înțelesesem mare lucru din ce zisese nenea ăla, așa că m-am decis să mă lămuresc. *„Mami, ce-i aia floci?"* Mama mi-a zis că la un moment dat o să aflu și eu, dar că practic e un cuvânt care înseamnă *„păr acolo jos"* și pe care ar fi bine să nu-l folosesc la școală. Au avut grijă să nu mai ascultăm caseta aia niciodată, dar o aveam pe cea cu *„Un meduz și o meduză stau pe plajă buză-n buză"* și altele la fel de zbanghii care îmi plăceau foarte mult. Mama știa că dacă nu-mi dă voie să fac ceva, voi vrea să fac fix acel lucru. Nu-mi interzicea mai nimic, iar eu uitam repede că descoperisem o prostie pe care le-o puteam zice copiilor din spatele blocului. Mai degrabă mă învățau ei prostii, iar eu mergeam acasă și i le spuneam mamei, care mi le confirma sau mi le infirma, dar nu mi le ascundea niciodată. Când am aflat de cuvântul *„pulă"*, mama m-a găsit când s-a întors de la serviciu sărind pe canapea și urlând *„pula, pula, pulaaaa, pula, pulaaa"* și m-a potolit, explicându-mi ce însemna. M-am rușinat, pentru că habar n-aveam, mie îmi plăcea doar cum sună. Nu l-am mai folosit în public, dar îl aveam mereu în cap, îmi venea să zic *„pula"* mereu, doar ca să șochez și să îi impresionez pe adulți cu câte știam despre lumea lor.

Pe la sfârșitul anilor '90, parcă, am început să ascultăm manele. Le ascultam în Winamp, pe calculatorul meu care troncănea de parcă urma să explodeze și să ne ardă fețele. Primeam CD-urile de la soră mea. Știu că le ascultam, pentru că mamei îi era dor de Andreea și jalea din manele era ceva ce simțea ea însăși. Trăia toate cuvintele alea, de la despărțiri dureroase, la cât de mândră era de copiii ei. Muncise pentru noi toată viața, muncise să avem o viață pe care și-o dorea mai bună decât a ei. Uneori o vedeam plângând de dorul Andreei. Cred că și Andreea plângea după noi pe aceeași muzică. Cel mai mult, după mama. Erau anii 2000 și adevărul e că toți ascultam manele.

Există ceva simplu, universal și asumat în ele. Ne redescoperiserăm sentimentele și ne plăcea. Chiar și-n grupul meu de prietene erau foarte iubite manelele. Ne zbânțuiam și încercam să fim sexy în timp ce ne scuturam fundurile imaginându-ne că suntem cadâne, nu pentru că am fi vrut să seducem pe cineva, ci fiindcă asta făceai pe manele. Te lăsai dus de val, tremurai ca o piftie și încercai să găsești ceva de făcut cu corpul tău, cum ar fi să te unduiești.

Am moștenit de la mama ușurința de a circula între genuri muzicale și de a accelera de la unul la altul fără niciun fel de judecată de valoare. Îmi plăcea muzica pentru ce mă făcea să simt și o ascultam pentru că mă făcea să simt. După perioada de manele, a urmat perioada de hip-hop străin. Mă îndrăgostisem lulea de fratele uneia dintre cele mai bune prietene ale mele. El era mai mare decât mine, purta șepci, se îmbrăca în haine Nike primite de la sora lui din Germania, era tăcut și reținut, ca un puști care știe multe și spune puține. Înțeleg acum că poate era timid și că eu eram prea mică la 12 ani pentru un băiat de liceu. Ascultam P. Diddy, Xzibit care prezenta *Pimp my ride*, Biggie (fiindcă fusese prietenul lui P. Diddy). Dansam pe *I need a girl* și-mi imaginam că mă place în secret, așa cum ne imaginăm despre cei care ne plac până când ne dăm seama că iubirea se face văzută. La un moment dat, ce simți te scoate din casă și te face de râs în fața celuilalt. Când V. dormea, am plănuit cu prietenele mele o excursie la el, ca să-l pup pe obraz. Moțăia în bucătărie, deși mi-e clar că nu moțăia. Soră-sa l-a pupat pe obraz ca să-mi arate că dormea buștean. M-am apropiat de el, genunchii au început să mi se zbată, m-am speriat de ce voiam să fac și am coborât pe scări ca o Cenușăreasă de 12 ani machiată strident. El zicea mereu că sunt prea mică, așa că găsisem soluția perfectă: furam fardurile mamei și mă machiam și eu, ca să par mai mare. Cum nu existau tutoriale de make-up și nu aveam decât oglinzi și ce știam noi că ar trebui să fie machiajul, fetele erau cele care mă făceau să mă simt frumoasă și să continui. Arătam de parcă în loc să explodeze computerul vechi pe fața mea, explodase trusa de machiaj a mamei.

Unii dintre frații mai mari ai prietenelor mele erau rapperi, iar ceilalți erau rockeri, așa că am început să ascultăm și rock. Ne plăcea cel mai mult Nightwish, pe care țopăiam, fiindcă pe muzica lor nu puteam dansa. Dădeam muzica la maximum și asta o exaspera pe mama, căreia îi plăcea muzica atunci când muzica nu țipa la noi. Era atât de tare, încât într-o seară a fost cutremur, iar eu nu i-am auzit pe ai mei strigându-mă să ies din casă. Am rămas în camera mea, fără să înțeleg de ce dansează pământul odată cu mine.

La 15 ani l-am cunoscut pe Dragoș, primul meu prieten. Îmi doream să fiu *cool*, dar nu eram. Nu era nimic coerent în ființa mea. El era rapper, așa că am reînceput să ascult piesele de la BUG Mafia, care îmi sunau familiar, piesele de la Parazitii și orice muzică mai găsea el pe net. El avea net, eu nu. Ascultam și manele, și rap, și rock la petrecerile pe care le dădeam când ai noștri nu erau acasă. Muzica era despre ce simțeam, separat și împreună. Piesa noastră era „I'll fly with you", a lui Gigi D'Agostino. Plângeam pe ea, când nu ne vedeam câteva zile. Ne scriam mesaje pline de patos și vorbeam zilnic la telefon. Ne vedeam în weekenduri, pentru că și părinții mei, și părinții lui își doreau să învățăm bine. Mie-mi plăcea la școală, lui nu. Ar fi preferat oricând un joc pe computer sau să afle mai multe despre ultimul model de telefon Samsung, decât să învețe, iar eu eram genul care își făcea temele imediat ce ajungea acasă de la școală.

Mama a ascultat cu mine toată muzica pe care eu o ascultam, cu înjurături sau fără, cu manele sau fără, cu engleză sau fără. Se legăna prin curte, după ce ne-am mutat în Dămăroaia, în 1999, în timp ce punea murături sau bea un șpriț cu tata. Mamaie se uita la noi ciudat, ca la două ființe pe care nu le înțelegea. Dansam așa pe orice, de la Nightwish la P. Diddy, de la ATB la Florin Salam – ne plăcea piesa lui cu *„Ce gagică șmecherită, spune că este iubită și face mofturi cu banii, nu-i mai convine puștanii"*. Mama nu corecta gramatical manelele. Mama nu se plângea că nu înțelege versurile, pentru că muzica nu fusese pentru ea niciodată despre versuri, ci despre ritm. Dacă ritmul o prindea, atunci își lăsa corpul să-l urmeze. Dacă îi venea să plângă, plângea. Dacă voia să se prostească, se prostea. Dacă nu știa titlul piesei, îl inventa ea. *„Pune piesa aia cu sula și beijula"* și eu știam că vorbește despre Morandi. *„Mamă, bagă și tu piesa aia cu Gabi și dă-o tare, să o aud în curte."* Se referea la *Somewhere over the rainbow*, a lui Israel Kamakawiwo'ole (i-am luat numele cu copy/paste de pe net, că nici acum, 15 ani mai târziu, nu știu să-l scriu). Când mamele celorlalți le ziceau să dea muzica mai încet, mama îmi zicea să o dau mai tare, știind că volumul exprima ceea ce simțeam eu. Ei nu-i plăcea muzica urlată, dar înțelegea războaiele pe care le aveam cu vecinii pe tema asta. Înțelegea că aveam 14-15 ani și că nu se mai putea înțelege cu mine. Dar asta nu a însemnat niciodată că nu m-a înțeles *pe* mine.

———

Mama a iubit muzica. Și muzica a iubit-o pe mama, fiindcă mama nu a judecat-o. Găsea ceva de iubit în orice piesă ar fi ascultat. Așa era și cu oamenii: știa că dacă îi asculta suficient, în fiecare găsea ceva de iubit.

Andreea

Cu cât mă gândesc mai mult la soră-mea, cu atât îmi dau seama că a face copii e o știință care ține și de matematică. Să explic. Între noi sunt 13 ani. Soră-mea așteptase un frate sau o soră mai mică în toți anii ăia, iar la un moment dat renunțase și se obișnuise cu ideea că e un copil singur la părinți. Cunoscând-o pe Andreea, știu că a fi singură la părinți o enerva, fiindcă toată atenția era concentrată pe ea și asta însemna că nu putea face toate prostiile pe care își dorea să le facă. Dacă diferența dintre noi ar fi fost de doi ani, am fi devenit complici. Dacă diferența ar fi fost de șase ani, ne-am fi bătut și ne-am fi șicanat, dar, în cele din urmă, am fi fraternizat. Dacă diferența ar fi fost de zece ani, poate că și atunci mai puteam avea o relație normală. Cei 13 ani dintre noi m-au transformat pe mine în spionul mamei. Eu îi dădeam raportul cu privire la Andreea. Eram bila aia grea de metal prinsă de picior, iar Andreea era pușcăriașul.

Când m-am născut și mama m-a adus acasă, Andreea s-a uitat la mine și a văzut că nu arătam ca bebelușii din reviste. Eram mică, încruntată, roșie și plină de bubițe pe față. Eram urâtă de-a dreptul, strivită de noua mea existență pe această planetă. Era deja adolescentă, așa că a considerat bubițele coșuri; s-a decis să mă scape de acnee din fragedă pruncie și a început să le zgândăre. Mama a venit în cameră și Andreea i-a zis că m-a apucat plânsul din senin. De-atunci a renunțat să mai facă asta. Când am crescut, rolurile s-au inversat: eu o zgândăream pe ea. Storceam viața din ea și-mi storceam creierii încercând să înțeleg de ce nu mă iubește.

O iubeam pe soră-mea așa cum iubești gardianul care te păzește în temniță. Eram sigură că sentimentul e reciproc. Mama o punea să mă plimbe, mama o punea să-mi dea de mâncare, mama o punea să stea cu mine acasă. Mama mă trimitea cu ea în oraș. Eram micuțul ei securist care nu știa că e securist, fiindcă mama nu punea întrebări cu privire la ce făcea Andreea imediat după ce ieșeam împreună. Aștepta câteva zile și deschidea discuția atunci când făceam altceva și nu eram foarte atentă la ea. Mama era bună, Andreea era rea.

Soră-mea nu fusese atât de răsfățată pe cât am fost eu. Un copil născut odată cu capitalismul e mai răsfățat decât orice copil născut în comunism, fie și pentru că opțiunile erau altele. Făceam mofturi la mâncare, ceea ce Andreea nu tolera. Nu avea răbdare, la 17 ani, să dădăcească un copil de patru ani care nu voia să mănânce *„zgârciul"* de la mușchiul file, oricum o raritate în casa noastră. Mușchiul file apărea odată cu salariul mamei, o dată pe lună. Tot o dată pe lună apărea și salamul de Sibiu, când lua tata leafa. Ca să mă lecuiască de mofturi, m-a lăsat nemâncată o zi întreagă, când n-am vrut să aud de tocăniță. Pe seară, înainte să vină mama acasă, mi-era atât de foame, încât am lins farfuria cu dumicați de pâine. Mi-aș fi mâncat și degetele, doar să le fi înmuiat în sos înainte.

Andreea avea și zile bune, iar în zilele bune făcea niște lucruri care mi se păreau UIMITOARE. Ar fi meritat un brevet de inventator pentru felul în care transforma în altceva mâncarea pe care o știam, ca să mă facă să mănânc. Ea a inventat sandviciurile cu margarină, brânză rasă și roșii tăiate rondele. Dacă aveam măsline în casă, le punea roșiilor ochi.

Îmi desena sirene, preferatele mele. Îmi mai plăceau mayașii și aztecii, pe care-i mâzgăleam întruna, pe unde apucam. Și mie îmi plăcea să desenez. Desenam pe linoleum, sub covor, când nu era acasă, ca să mă răzbun pentru toate nedreptățile pe care mi le făcea. Când m-a prins rozându-mi unghiile, mi-a dat o scatoalcă. Una dintre primele mele amintiri e că mă ascundeam după frigider, în hol, ca să-mi rod unghiile fără să mă vadă. Andreea făcea cei mai buni cartofi prăjiți din lume, după tata. În zilele ei bune și neavând chef de mofturi, Andreea îmi făcea cartofi prăjiți cu ouă ochiuri și brânză rasă. Stăteam la masa din bucătărie, cu mușamaua crestată de cuțite care trecuseră prin ea ca prin carne, și mâncam împreună din aceeași farfurie. Mă uitam în ochii ei și băgam în gură de frică, lacom, gata să mă înec.

Când s-a angajat pe vară la firma la care lucra mama ca să învețe contabilitate, Andreea mi-a cumpărat din primul ei salariu un maimuțoi de pluș. Era un boxer roz cu mănuși de box. M-a luat prin surprindere. Nu îmi cumpărase niciodată nimic și nu-mi făcuse niciodată niciun cadou, iar acum primeam de la ea ceva care nu era o palmă peste ochi. Soră-mea mă mai plesnea când o supăram. Mi-era atât de frică să n-o supăr și atât de frică de ea, încât atunci când făcea curat în casă și zbiera la mine „*Te calc în picioare, fă, dacă nu stai potolită pe canapea până termin*" aveam impresia că va face asta cu-adevărat, că mă va călca în picioare până când o să devin praf de aspirat, ca să o enervez și mai tare. Mi-era atât de frică de ea, încât o dată, când mă legăna pe picioare în dormitor, ca să adorm la prânz, și m-a întrebat dacă dorm, eu i-am răspuns că da, ceea ce le-a făcut pe ea și pe prietena ei, Corina, să râdă în hohote. Soră-mea mi-a pus o batistă pe ochi și m-a legănat în continuare, crezând probabil că-s vreun fel de găină căreia dacă îi acopereai ochii avea să adoarmă. Ceea ce, într-un fel, cam eram. O altă dată, când trebuia să dorm la prânz, m-a trecut pipi. Mi-era teamă că o să mă certe, așa că am făcut pipi pe covorul din dormitor. Pata umedă de pipi semăna cu un pitic, iar eu m-am prefăcut apoi că-mi dorm somnul regulamentar de prânz, de două ore. Ulterior am aflat și de ce trebuia neapărat să mă odihnesc la prânz. Cât timp dormeam, soră-mea ieșea pe scară cu Corina sau cu Laura, prietenele ei. Stăteau pe scări, fumau și beau suc. Dacă le vedeam fumând, i-aș fi spus mamei. Și totuși, la un moment dat, le-am prins. Soră-mea aproape că a înghițit fumul, a stins țigara repede și m-a dus cu zăhărelul în casă, unde am și rămas, încercând să adorm din nou de prânz.

Andreea se mai folosea de mine ca să pară o mamă tânără și să scape de dubioși, dar tot cu mine era când l-a cunoscut pe Doru. Mă dusese la părculețul de lângă casă, pe Baicului, în care erau leagăne. Și cum mă legăna, un tip brunet i-a zâmbit de la terasa de-alături. Era la masă cu alt tip care zâmbea frumos și care era Gabi, fratele lui, după cum urmam să aflăm mai târziu. Andreea și Corina, prietena ei, s-au dus să se bage în seamă cu băieții. Au vorbit un pic și au plecat de acolo după ce Doru i-a scris Andreei numărul lui de telefon pe caietul de chimie. De fapt au fugit, pentru că în timp ce ele două le făceau ochi dulci, eu am sărit din leagănul în care mă dădeam. Aveam trei ani: am vrut să văd unde a dispărut leagănul. M-am întors către el și m-a pocnit în frunte. Am zburat pe o grămadă de nisip, unde am rămas privind cerul. Nu știu dacă am leșinat și nu mai țin minte nimic de atunci, însă Andreea mi-a spus că m-au pus în căruț și m-au dus repede acasă. S-a gândit că o să mor și că, dacă tot mor, măcar să mor acasă. S-a mai gândit și că mama o să o omoare. Însă, în afară de un cucui serios, n-am avut nimic. Iar mama a aflat de povestea asta când băiatul care-i zâmbea la terasă Andreei, adică Doru, a devenit soțul ei, așa că n-a mai contat.

Mama nu l-a plăcut pe Doru. Verdictul fusese pus: *„Ăsta nu e de tine, să nu te mai prind cu el"*. Fusese pus chiar înainte să-l cunoască, fiindcă mama nu era de acord cu nimic ce ne-ar fi putut distrage atenția de la școală. Ce-i drept, soră-mea nu jucase bine cartea asta. Avea 16 ani, iar Doru avea 30. El nu-i știa vârsta adevărată, pentru că ea mințise. Așa că a invitat-o în oraș și au început să se vadă din ce în ce mai des, până când au înțeles că erau făcuți unul pentru celălalt. Ieșeau la cico, vorbeau la telefon, se întâlneau în părculeț în timp ce eu îi priveam cu ochii mei mari, gata să-i raportez generalului Mama dacă s-au apropiat prea mult. Eram acolo mereu, cu ei doi. Cum s-a îndrăgostit Andreea de Doru, la fel m-am îndrăgostit și eu de el. Spre deosebire de ea, Doru îmi vorbea frumos și calm. Mergeam între ei doi în față și-mi plăcea să văd cum conduce Doru. Dacă eram cuminte, îmi cumpăra Fanta. Simțeam că mă iubește așa cum o iubea și pe Andreea. Eram o altă parte din ea de iubit. Cu ei am mers prima oară la Intermacedonia și am văzut cum oamenii mari fumau și beau la bar.

Andreea se schimbase. Cânta Whitney Houston, *I will always love you*, când piesa apărea la televizor și nu mă mai brusca de fiecare dată când făceam prostii. Iubirea face și asta, răscolește prin tine până când găsește blândețea și le-o arată și celorlalți. Atunci a început să-mi placă de soră-mea pentru prima oară.

Mama știa că Andreea se vede cu Doru și mai știa și că Andreea îi ascundea ceva. Știa, pentru că nu-l aducea acasă, iar eu îi spuneam din ce în ce mai puține lucruri, fiind mai curioasă să văd ce se întâmpla în jurul meu decât ce făceau ei doi. Andreea îi spusese lui Doru că are 16 ani, dar era prea târziu, se îndrăgostise lulea de ea. Sentimentele lui Doru sunt statornice, gloanțe de sniper. El știa că Andreea e *the one* încă de când o văzuse în părculeț, iar eu văzusem stele verzi. Ca să o lase cu el, soră-mea, cel mai bun strateg la făcut prostii, a pus la cale un plan alături de Doru și de Gabi, fratele lui mai mic. Înainte de o petrecere de apartament, Andreea l-a trimis pe Gabi acasă la noi să o convingă pe mama să o lase la petrecere. S-a prezentat ca fratele mai mare al lui Doru, bărbat de casă cu copil și soție. Își asuma răspunderea pentru orice i s-ar fi întâmplat Andreei. Mama putea să-și schimbe starea din foc în apă în câteva secunde, dar Gabi n-a primit decât foc. Mama l-a amenințat. Mama l-a interogat. Mama i-a spus să fie atent, aceste două cuvinte care au cea mai mare putere dintre toate pe care le pot spune părinții. Mama s-a comportat ca un mafiot pus pe intimidare și când a văzut că totuși Gabi se ține bine a decis că e suficient de bărbat încât să-i ducă fetița la petrecerea de Revelion. Andreea s-a întors nevătămată și, după ceva vreme, i l-a prezentat și pe Doru.

Doru a venit la noi ca într-o vizită de protocol. Arăta ca un ambasador: era la cămașă, aranjat, cuminței și înarmat cu un buchet de flori. Mama s-a bucurat, dar și-a dat seama ce se întâmpla, pentru că era dată naibii. Doru avea peste vârsta Andreei, așa că l-a luat și pe el la întrebări. A aflat că fusese plecat în Germania, pentru că ura comuniștii. Se întorsese în țară și acum stătea într-un apartament din Colentina. A cunoscut-o pe Andreea fiindcă fratele lui, Gabi, locuia în Pantelimon, unde stăteam și noi. Absolvise facultatea – asta a impresionat-o cel mai mult, fiindcă mama credea că mobila din mansardă e mai importantă decât aia din casă. A lăsat-o pe Andreea să-și trăiască îndrăgosteala, sperând, cum speră orice mamă, că poate totuși Doru n-o să fie și primul, și ultimul. Spera că o să fie doar unul printre alții, fiindcă *„e important să nu te căsătorești cu primul care-ți iese în cale"*. Doru nu fusese primul prieten al Andreei, dar mama nu știa asta. Dacă ar fi știut că fii-sa a mai umblat cu băieți, ar fi descins din blocul de pe Amiral Murgescu și ar fi dat foc magazinului de la colț doar ca să-i avertizeze pe ceilalți cu privire la ce e în stare să facă pentru copilul ei. Mama era în stare să facă orice pentru noi două.

Doru și Andreea s-au căsătorit în 1995 și tot atunci mama și-a dat seama că Doru nu era o prezență meteorică în viața noastră, ci un cu totul alt univers. Andreea a furat actele din casă când a împlinit 18 ani și le-a depus la primărie, ca să aranjeze cununia civilă. Mama a descoperit ulterior că Andreea a luat certificatul de naștere, s-au certat monstruos și i-a zis că face o greșeală căsătorindu-se la o vârstă atât de fragedă. I-a zis că e inconștientă. Andreea îi moștenise încăpățânarea, așa că nu s-a clintit. Ce simțea era o fortăreață pe care mama nu o putea dărâma. La cununia lor civilă a venit toată familia. Purtam o căciulă groaznică, cu șnur sub bărbie, care mă enerva. Știam că trebuia să mă bucur pentru Andreea, dar tot ce simțeam era că vreau să-mi smulg căciula aia de pe cap și să o arunc pe geam și nu mă puteam gândi decât la asta. Mama era veselă. Nu era de acord cu Andreea, dar îi respecta decizia și spera, din tot sufletul ei de mamă, să se fi înșelat. Când ești părinte nu vrei să ai dreptate, vrei ca ființa aceea care s-a desprins din tine să continue fără tine cel puțin la fel de fericită pe cât ai putut tu s-o faci.

După cununie, ne-am dus la noua lor casă, în Colentina. Am băut sucuri acidulate, am mâncat, ne-am bucurat. Andreea purta o bluză pe care o făcuse mama special pentru petrecerea de acasă, o bluză colorată cu mâneci transparente din voal. Era superfrumoasă. Și superfericită. Râdea atât de amplu, încât ochii îi dispăreau de pe față și i se vedeau doar dinții. Mă bucuram că Doru devenise parte din familia noastră. Îmi plăcea mult să merg la ei acasă, să desenez în cărțile de colorat pe care mi le cumpărau, să mănânc dulciuri și salată de boeuf și să mă uit la Muttley. Așa am învățat engleză.

Andreea și Doru s-au hotărât să plece din țară și să se ducă în Canada, pentru că România anilor '90 avea produse în magazine, dar nu și oportunități. Mama a văzut roșu în fața ochilor. Am crezut că o să ia foc pe bune. Ochii îi scăpărau furioși, părul i se înfoiase, până și flacăra aragazului se făcuse mică pe lângă ea când Andreea i-a dat vestea. Am crezut sincer că o să sară la bătaie, dar n-a făcut-o, pentru că pedeapsa preferată a mamei era să înceteze să ne mai vorbească. Cred că și-a dat seama că ea făcuse parte dintr-o primă generație de diasporă – cea a exodului de la rural la urban, iar Andreea era parte a celei de-a doua generații, cea care extindea căutarea binelui în alte țări, nu doar în alte orașe din țară. Însă i-a fost greu să accepte că Andreiuța ei devenise femeie și că acum decidea pentru ea însăși ce urmează, departe de siguranța grijii ei de mamă.

S-au pregătit de plecare din timp. Andreea mi-a cusut costumul de final de grădiniță. Început de grădiniță nu avusesem, ai mei m-au dus doar câteva luni, cât să fiu și eu parte dintr-o serbare de final alături de alți copii și să zic că am fost la grădi. Rolul pe care-l primisem era unul de albină. Andreea a cusut de mână dungile, aripile, Andreea a croit fustița. La serbare, ea plecase deja în Canada. Era felul ei de-a fi acolo, deși nu mai era acolo. Învățase asta de la mama. Cum să fie aproape de oameni altfel decât fizic.

Ar fi trebuit să mă întristez când a plecat în Canada, dar nu asta am simțit. Când ai mei s-au întors de la aeroport, cu ochii umflați de plâns, încercând să pară puternici, spunându-mi că o să ne vedem des și că o să vorbim des, eu eram destul de bucuroasă că Andreea plecase. Putea să nu-mi mai fie frică. Era singurul om de care mi-era frică, iar frica plecase acum în bagajul ei de cală, în timp ce eu eram liberă să fac toate prostiile pe care nu puteam să le fac când ea era acolo. La câteva zile după, mi s-a făcut dor de ea și mi s-a făcut rușine că mă simțisem ușurată când a plecat. Venise să mă ia de la grădiniță când îmi rupsesem mâna. Sărisem din balansoar pentru că educatoarea era prea ocupată să tragă dintr-o țigară când am strigat-o. Ea s-a certat cu educatoarea, pe care a făcut-o cu ou și cu oțet. Ea și Doru m-au luat și m-au dus cu mașina lui la Spitalul Grigore Alexandrescu, în timp ce zbieram cât mă țineau plămânii că o să mor. Ea m-a ținut de mână când ortopedul de acolo mi-a pus la loc oasele pe viu, iar eu am țipat la el „TÂMPITULE!". A fost de acord cu mine și l-a certat pe doctor. Ea și Doru mi-au cumpărat dulciuri după, ca să mă înveselească. Ea a decis că mai bine nu fac nicio grădiniță, decât să fac una în care pot să-mi rup mâna atât de ușor.

Andreea era frică, dar Andreea era și un alt strat de piele, în afară de mama, care mă proteja. Am înțeles asta mai încolo: memoria insistă să folosească o singură culoare când redesenează oameni, dar dacă insiști și tu, apar și celelalte nuanțe. Mi-a lipsit mult în anii în care creșteam, ani în care eram expusă răutăților celorlalți, răutăți de care părinții nu te pot proteja, dar de care o soră mai mare ar fi putut. Oamenii m-au julit și eu am învățat să mă apăr singură, întrebându-mă mereu ce-ar fi făcut Andreea în locul meu, dorindu-mi să fiu măcar o sutime din cât de mișto era ea, cu albumele ei Depeche Mode, hainele elegante și frumusețea exotică. Relațiile la distanță nu funcționează decât dacă sunt de sânge. Noi două ne-am cunoscut cu adevărat mai târziu, când eu am devenit cel mai mare dintre copiii ei și diferența de 13 ani dintre noi s-a dovedit a fi matematică divină.

Prima bancă

Îmi doream să știu cât mai multe. Eram atât de curioasă încât cotrobăiam prin toate sertarele din casă. Întorceam biblioteca cu susul în jos. Am găsit păpușa Andreei, primită de la nașa noastră din Suedia, și am făcut-o pilaf ca să văd ce ascunde înăuntru. Andreea s-a supărat atât de tare pe mine încât am crezut că o să mă arunce de la balcon. În cele din urmă, nemaiavând ce să distrug și înconjurată de jucării care nu erau cărți, m-am dus la mama și i-am zis că vreau să învăț să număr, iar ea mi-a tăiat-o scurt: *„Dacă o să înveți să numeri, n-o să mai poți niciodată să nu numeri”.*

N-am înțeles ce a vrut să spună. Mama avea multe momente în care spunea lucruri pe care nu le înțelegeam și la capătul cărora am ajuns mai târziu, uneori cu mult mai târziu. Nu știu dacă mi le-am imaginat sau chiar mi le-a zis, cam atât de târziu. Părea de neclintit în ceea ce-mi spusese. Îmi spunea *„nu”*, când nu aveau bani să-mi cumpere încă o jucărie de care m-aș fi plictisit repede. Mi-a spus *„nu”* când mi-am dorit un titirez care colora hârtia în spirale, dar după ce am plâns trei zile neîntrerupt de ciudă și de nervi l-a trimis pe tata la librărie să mi-l cumpere. După câteva ore l-am distrus, pentru că-l desfăcusem să văd ce e înăuntru. Acum zisese un *„nu”* pe care nu-l puteam ataca, așa că mi-am văzut de ale mele, continuând să desenez pe hârtie omuleți, să-i prind cu sfoară și să ies pe balconul de la etajul șapte ca să-i transform în zmeie mici.

Grădinița fusese un fiasco. Eram un amestec letal de fragilitate și imbecilitate, așa că fie răceam în ultimul hal, fie îmi rupeam mâinile sărind din balansoare – cum se întâmplase când Andreea și Doru mi-au cules mâna dreaptă ruptă în trei locuri și au dus-o la reparat. Am schimbat vreo două-trei grădinițe. La un moment dat, mama m-a retras de tot din cauza unei educatoare care a întrebat dacă vreunul dintre noi are frați sau surori mai mari. Am ridicat și eu mâna, evident. În sfârșit aveam ceva ce n-aveau ceilalți. Ne-a întrebat dacă frații noștri zic *„mișto”* când vorbesc. Andreea zicea și *„mișto”*, zicea și *„beton”*, ceea ce mie-mi plăcea tare mult. Am ridicat din nou mâna, dar de data asta am fost singura. Educatoarea m-a privit cu dispreț și mi-a zis că *„Numai* țiganii *vorbesc așa”*, iar eu am alergat acasă și când mama a sunat la prânz, fiindcă suna mereu la prânz, i-am povestit și am întrebat-o ce sunt *„țiganii”*. Mi-a spus că sunt oameni ca noi. I s-a părut deplasată o astfel de remarcă, mai ales la vârsta la care considera că e esențial să învăț să-i iubesc pe ceilalți. În ultima mea săptămână la grădinița respectivă, pentru că mama decisese să nu mai merg acolo, de fiecare dată când educatoarea a întrebat ceva, eu am ținut mâna jos, lipită de măsuța la care stăteam. Nu voiam să greșesc din nou, deși adevărul nu e niciodată o greșeală.

La grădiniță nu învățasem mare lucru. Știam să îmi dau jos chiloții și pantalonii, să nu uit să-mi suflu nasul ca să nu-mi atârne mucii, să mă șterg de sus în jos cu hârtie igienică, să mă spăl pe mâini după. Cântam cu ceilalți copii, dar versurile nu se lipeau de mine și nici eu de ele. Mai degrabă mă uitam la cât de ridicol arătam toți cu gurile căscate. Arătam ca broaștele despre care cântam. Coloram. Deși îmi plăceau copiii, de cele mai multe ori erau răutăcioși sau răi de-a dreptul, mereu puși pe criticat. Era greu să găsești pe cineva pe aceeași lungime de undă cu tine, mai ales când ai vocabularul unui copil de grădiniță. Am întrebat-o pe mama de ce nu m-a mai lăsat la grădiniță și mi-a spus că afară era prea frig și nu voia să răcesc. Ani mai târziu, de-abia, mi-a explicat că oricum nu învățam nimic acolo și că era un drum în plus de făcut pentru mamaie. *Măcar să fi învățat că sunt un copil norocos într-o lume în care nu toți copiii sunt atât de norocoși ca mine.* A lăsat-o pe mamaie să-mi fie educatoare. Mamaie avea două clase, dar foarte multă clasă. Ne uitam la televizor și învățam despre animale și mayași și azteci, mă învăța să croșetez, să gătesc cu frunze și nisip din curte. Îmi făcea haine pentru păpuși și eu mă uitam la degetele ei care țineau acul. Singurul meu rol era să bag ața în el. Nu mai vedea bine.

În următoarea vară, gândindu-se că nu prea am experiență în socializarea cu alți copii și decisă fiind să mă învețe să împart și să mă vindece de mofturi, mama m-a înscris la o grădiniță cu program extins. Uram grădinița aia cu toată ființa mea. Dacă aș fi avut suficient curaj, aș fi fugit de-acolo mâncând pământul. Ne obligau să dormim la prânz în niște camere mult prea luminoase. Paturile noastre erau unele lângă altele. Trebuia să mă prefac în fiecare zi că dorm. Stăteam cu ochii închiși și de-abia așteptam să treacă timpul. De fiecare dată când aștepți să treacă timpul, el se încăpățânează să n-o facă. Înainte să ne culcăm, ne obligau să mâncăm de prânz, să mâncăm tot din farfurie.

Descoperisem că pot să bag mâncarea sub covor și să o calc până când denivelarea nu se mai vedea. O făceam terci, alegând mereu strategic un alt loc în care n-am stat, până când educatoarele s-au prins că cineva făcea asta și au început să stea cu ochii pe noi. Aici mi-am rupt mâna când o fetiță mai robustă decât mine n-a vrut să mă lase să mă dau jos din balansoar. Am țipat după educatoare, dar mi-a zis că e în pauză și să n-o deranjez. Am decis să o înfrunt pe fetița aia și să-i arăt eu ei, așa că am sărit. Și am căzut fix în cot, ca un mic luptător de arte marțiale mixte, cu mâna pe după cap. Atunci și-au luat ai mei gândul de la grădinițe pentru mine și au hotărât să mă înscrie pe finalul ultimului an, ca să am și eu poze de la o serbare. Pentru că nu mă văzuse nimeni la față până atunci, am primit un rol de albină în Dumbrava Minunată și replica „*bââââââzzzz, bâââââzzz, bâââââz*". După serbarea asta am mai stat o vară la mamaie și ai mei m-au luat înapoi în Pantelimon, unde începeam clasa întâi.

Spre marea mea dezamăgire și fără să-mi mai amintesc de ce, mama nu a putut să vină cu mine în prima mea zi de școală, așa că i-a revenit tatei sarcina de a-mi găsi clasa și de a mă livra pachețel învățătoarei. Nu s-a descurcat, așa că am rămas plângând în mijlocul holului imens, cu uși pe stânga și pe dreapta. M-a cules o profesoară și m-a dus la clasa mea, clasa I B, unde mai rămăsese un loc în ultima bancă, ceea ce m-a făcut să-mi doresc să plâng și mai tare. Mi se mai veștejise și buchetul de garoafe roșii pe care trebuia să i le dau învățătoarei. Acasă m-am smiorcăit, iar mama mi-a zis că prima bancă nu valorează absolut nimic și că nu contează nici cu cine stau în bancă, nici unde e banca aia. „*Tot ce contează în viața asta, mamă, e să vrei. Să vrei să înveți, să vrei mai mult și să muncești pentru tot ce vrei. N-o să fie ușor, da' chiar nu contează în ce bancă stai.*

Tu ești un copil precocoinfantil, oricum. O să fie bine, ai să vezi. Doar că binele întârzie uneori." A doua zi, învățătoarea ne-a mutat în bănci în funcție de înălțime. Am nimerit în a treia bancă cu o fetiță care avea pampoane și codițe, la fel ca mine. După aia ne-a dat un test, ca să vadă ce știam din grădiniță. Ne-a pus să desenăm liniuțe și bastonașe, dar nu știam ce-s alea, așa că am desenat ce am vrut. După test, ne-a predat liniuțele și bastonașele și ne-a dat caietele cu teme pentru acasă. Acum știam și eu ce sunt, le făcuse învățătoarea drept model pe caietele noastre, ca să putem exersa și noi. Entuziasmată din cale-afară și gata să excelez la orice aș fi putut excela, m-am apucat să-mi fac temele de când am intrat pe ușă. Când a văzut mama ce făcusem s-a enervat și mi-a rupt foaia. M-a pus să refac tot, pentru că toate liniuțele erau viermișori. Cu ochii în lacrimi, le-am refăcut. Mama a rupt din nou foaia. S-a așezat lângă mine și mi-a arătat cum să îmi sprijin mâna pe masă și cum să abordez liniuța ca să nu arate de parcă mă curentam când o făceam. *„Aoleu, mă, mamă, mă, tu înainte să înveți să scrii trebuie să înveți să nu te mai grăbești. De ce te grăbești? De bucurie? Da, asta e. Uneori bucuria ne face proști la ce am putea fi buni. Nu te mai grăbi. Hai. Așa. Da. Bravo. Bun. Vezi că poți?*" Mama a stat cu mine de fiecare dată când am învățat o literă nouă. Ce m-am bucurat când am putut să scriu *„mama"*. Primul meu cuvânt zis și primul meu cuvânt scris. Ce m-am bucurat când am putut să-i scriu o felicitare de ziua mamei. Ea mă trezea dimineața și mă ducea la școală, și-mi cumpăra o merdenea, și mi-o punea la pachet în fiecare zi. Merdenelele de la Gara de Est sunt cele mai bune din lume. Mergeam la școală îmbrăcată în uniformă și parfumul ei îmi rămânea în nări, în păr, ca o îmbrățișare.

Nu-mi plăcea deloc să mă trezesc dimineața, nu știam de pe ce planetă vin. Și nu-mi plăcea să mă spăl pe față cu apă rece. Mama înmuia colțurile de prosop în apă caldă și-mi cânta *„Scoală-te, scoală-te, puturosule. Nu măăă scol, nu mă scol, fiindcă mi-este foarte somnicuță somn"*, iar eu mormăiam și mă-ntindeam și ea-mi zicea că trebuie să plec la școală și că mă lasă să-mi înghit gălbenușul un pic, dar că apoi chiar trebuie să mă ridic din pat. Îmi făcea cacao cu lapte și un sandvici pe care îl mâncam pe drum sau când apucam. Părea că vom întârzia mereu și totuși nu întârziam niciodată, eu cu pasul meu mic și mama care aproape că mă târa după ea la cât de tare se grăbea. Când mă-ntorceam acasă de la școală, mă suna mereu la prânz și mă întreba dacă am mâncat. Avea un ton de apel de așteptare care suna ca o piesă de clovni. Odată s-a simțit rău și a rămas acasă, iar eu am plecat singură la școală prin zăpadă. La mijlocul drumului mi-am dat seama că mi-era frig la picioare și că-s în papuci. M-am întors acasă cu papucii uzi și mama a început să râdă tare, cum râdea ea, să mă pupe și să-mi spună că sunt un *„copil precocoinfantil, ce puteai să faci?"*. Altă dată mi-a făcut ea ghiozdanul și când am ajuns la școală nu mi-am găsit penarul, așa că m-am învoit la învățătoare de la prima oră ca să merg acasă să-l iau. Mama nu era acolo, așa că am sunat-o la serviciu și mi-a zis că penarul e în buzunarul lateral al ghiozdanului, apoi mi-a zis un *„Vezi, mă, mamă, mă, dacă visezi cu ochii deschiși ce pățești?"* și am început să râdem amândouă de mine.

O dată am plâns fiindcă am luat un *„bine"*. Când a ajuns mama acasă, târziu, m-am năpustit asupra ei cu eșecul meu și i-am zis că Alina, colega mea de bancă, a luat *„foarte bine"*, iar eu nu. Mama m-a ascultat cu atenție și mi-a pus capul în poala ei. Stăteam pe canapea, în sufrageria noastră cu un covor roșu ca o limbă friptă. *„Mamă, în viață nu te compari cu ceilalți. Asta fac toți proștii, vor să fie ca ceilalți. Tu să dai tot ce e mai bun în tine ca să fii cât de bună poți – în orice ai face, că școala e doar o perioadă. Să nu regreți că ai fi putut să mai faci și te-ai luat cu altele. Tu să n-ai regrete, asta e tot ce contează. Învață cât poți, cât îți place. Dă tot ce poți, contează să fii cea mai bună, dar contează doar pentru tine."*

Mama nu venea de la ședințele cu părinții cu foi pe care erau scrise notele celorlalți și nu mă întreba niciodată ce note au luat ceilalți copii. Mama își nota cât e fondul clasei și câtă ciocolată să aducă la serbări. Firma la care lucra importa ciocolată, așa că mama o cumpăra la preț redus și o băga în pachețelele copiilor când aveam serbări. Când știa că unul dintre pachete e pentru niște copii mai necăjiți, le punea mai multe ciocolate, să aibă să împartă și cu ceilalți frați de acasă. Asta o interesa pe mama, nu notele mele. Ce conta pentru ea la oameni nu se putea măsura și nu se putea compara: sufletul. Copiii îi ziceau *Doamna Ciocolată* și de-abia așteptau să o vadă, știind că urmează să primească ciocolată Americana, alături de alte dulciuri pe care mama le vâna prin depozite. Se bucura, bineînțeles, că eram un copil căruia îi plăcea să învețe. Toată perioada aia în care nu mersesem la grădiniță îmi făcuse o foame imensă, eram un *No-Face* care ar fi fost în stare să mănânce și cărțile doar ca să învețe mai repede. Ea a fost mereu acolo, gata să mă sprijine, gata să devenim un aliaj în cazul în care aveam nevoie de întăriri pentru ce voiam să fac, fie că era vorba de suport moral sau de o carte greu de găsit. Iar eu voiam să o fac mândră. Uneori era atât de mândră de mine, încât atunci când ajungeam la olimpiade pe sector le spunea oamenilor că-s pe țară. *„Haaaaai, mă, maaaamaaaaa, că-mi strici șansele, nu mai minți."* *„Ei, mint.*

Dacă vrei, poți." Vorbea întruna despre cât de minunată sunt, iar eu mă simțeam ca un pitic pe lângă cuvintele ei mari. Nu m-am îndoit niciodată că mama mă iubea, asta am știut mereu. Când nu aveam bani, mama avea întotdeauna bani pentru cărți și pentru culegeri. Mama avea bani pentru excursii la muzee, pentru plecări cu clasa, pentru tot ce ținea de educația mea. Mama avea și răbdare cu educația mea și cu repercusiunile ei. Când m-am pricopsit cu niște păduchi care o duceau atât de bine în părul meu încât săreau de pe clamă pe clamă și asistenta de la școală m-a trimis acasă, mama nu m-a tuns scurt, ca pe un băiețel, cum făceau uneori celelalte mame. M-a șamponat și m-a scos pe balconul nostru de la etajul șapte. Și-a pus pe ea niște pantaloni negri, a luat pieptenul des făcut din os și s-a apucat să mă despăducheze în lumina de apus a Pantelimonului. Noi două, doar noi două. Eu cu capul în poala ei, din nou, ea cu mâinile în părul meu, de parcă ar fi cântat la harpă. Mama a strivit toți păduchii între unghii ca să vadă dacă pocnesc (așa cum făceau dacă erau vii) sau dacă șamponul ăla fusese bun și muriseră. Nu mi-a pus gaz în păr și nici nu mi-a zis să nu mă mai apropii de copiii din clasa mea. *„Oricum, păduchilor le plac capetele curate, că d-asta ai păduchi. N-or fi proști.*" Mi-a împletit părul și mi l-a prins foarte aproape de cap. L-am purtat așa până când s-a asigurat că nu mai reprezentam un pericol pentru nimeni.

Într-o noapte m-a prins învățând cu disperare Crezul, pe la două. *„De ce nu dormi la ora asta, Liluț?" „E mâine un concurs de religie la școală și trebuie să învăț Crezul." „Da, dar e două noaptea, culcă-te, că o să fii praf mâine." „Mă culc, mă culc, mai am un pic." „Lasă-l naibii de Crez, cine pune un copil de clasa a II-a să învețe pe de rost Crezul? Nici măcar nu înțelegi ce spune."* A doua zi am câștigat concursul la religie. Am primit o carte de rugăciuni și o pungă cu bomboane Silvana, ceea ce a făcut-o pe mama să râdă din nou de mine. „*Pentru asta n-ai dormit? Ți le cumpăram eu, mamă, dacă despre asta era.*” Dar ea știa că nu era despre asta. Și apreciase că luasem în serios o competiție între patru elevi. Trei dintre ei nu voiau să fie acolo, dar eu da.

În clasa a IV-a ne-am mutat în Dămăroaia și am schimbat școala. A fost foarte greu să mă integrez într-un grup care se închegase deja, așa că la început toți colegii au crezut despre mine că probabil am schimbat școlile fiindcă n-am trecut clasa. S-au prins repede că eram OK și am ajuns în top din nou. N-are sens să vorbesc despre răutățile celorlalți. Și eu aveam o limbă ascuțită, ca orice copil pe care doar atât îl taie capul: să-și folosească limba ca să rănească. Îi mai povesteam mamei ce le răspundeam. „*Ai grijă la cuvinte, mamă, sunt singurele pe care nu le poți lua niciodată înapoi.*” Asta mi-a intrat pe o ureche și mi-a ieșit pe alta. Car cu mine o mulțime de cuvinte pe care le-am aruncat în ea așa cum arunci o săgeată la darts. *Bulls eye*. Știu că toate au nimerit-o în inimă.

La sfârșitul clasei a IV-a se dădea un examen la engleză ca să se aleagă copiii pentru clasa de intensiv. Nu mă pregătisem pentru asta deloc și nu știam dacă să mă înscriu sau nu. „*Ce-ai de pierdut? Fă-o. Poate intri.*” Am intrat printre primii și am rămas acolo până la finalul clasei a VIII-a, tot printre primii. Doar eu știam asta, pe mama n-o interesa. La finalul clasei a VIII-a trebuia să aleg liceul. Știam că nu vreau să merg la real, deși eram mai bună la mate. Mai știam și că mamei i-ar fi plăcut să mă fac programator. „*Calculatoarele. În ele e viitorul, mamă.*” Era contabil-șef, poate că își dorea să-i calc pe urme, dar să-i depășesc recordul de pași. Scriam poezii copilăroase pentru prietenele mele. Sufeream după Andreea, îi scriam și ei. Când am pierdut un bun prieten, la 14 ani, mi-am propus să scriu o poezie mai lungă decât *Luceafărul*, dar m-am oprit la 79 de strofe. Mama știa că scriu, tot ce-a zis despre asta a fost „*Nu înțeleg de ce ești atât de tristă. Chiar n-ai de ce*" și m-a lăsat în pace. Chiar n-aveam de ce. Sufeream din dragoste, sufeream închipuit, sufeream doar pentru că e un sentiment mai ușor de accesat decât bucuria.

Mi-am completat singură formularele pentru liceu cu opțiunile pe care le voiam. Mama nu a controlat să vadă dacă am greșit, nu-mi controla nici temele. Avea încredere în mine. M-am dus la ea ca să-i spun că drumurile noastre se despart. Cu inima în gât, gata să îndur rafale de reproșuri, temându-mă că toată mândria ei se va risipi precum un pumn de nisip în vânt. „*Mama? Vreau să-ți zic ceva.*" S-a uitat la mine în felul ei irezistibil, pe deasupra ochelarilor. Citea un ziar. Am înțeles că aveam atenția ei. „*Știu că tu și tata sunteți pe real. Dar eu vreau la uman. Și nu vreau la Sava, că e prea departe, vreau la Neculce, că pot să ajung cu 20-ul sau cu 97-le.*" „*Mamă, asta te face pe tine fericită?*" „*Da, mama, vreau să scriu. Asta vreau să fac.*" „*Dacă asta te face fericită, mamă, fă-o. O să vină și banii după. Doar n-o să trăiesc eu cu tac-tu viața ta în locul tău. Tu te faci pe tine fericită, nu pe noi.*" „*Mulțumesc, mama.*" A început să râdă de mine pentru că i-am mulțumit, dar nu știam nici eu ce altceva să-i zic. Eram recunoscătoare pentru cum crezuse în mine, pentru cum alesese să fie apă, nu foc. Atunci, mama mi-a dat voie să fiu cine sunt eu, nu cine voia ea să fiu. M-a dezbrăcat de toate așteptările ei – tata era oricum absent în educația mea – și m-a lăsat să aleg pentru mine. Mereu făcuse asta. Era în coada ochiului meu, cât să știu că e acolo. Suficient de departe cât să aleg întotdeauna pentru mine și să merg înainte cu ce am ales, uneori cu viteza sunetului și alteori cu viteza luminii. Un singur lucru m-a rugat. Să-mi termin facultatea, să fiu prima din familia asta care termină o facultate în România și o face cu acte în regulă. Iar eu am terminat două, ca să-i mulțumesc pentru zgarda pe care nu a prins-o niciodată de gâtul meu. *„Tu să știi, să știi cât mai multe. Le dăruiești celorlalți ceea ce ești. Așa că fii un om bun, un om deștept. Mama te iubește oricum, tu știi asta.”*

Pentru mama, educația conta enorm. Își dorea să ne știe departe de pericolul ignoranței. Voia să fim deschise și vaste. Mama nu voia să lăsăm oamenii să ne fure ochii, mama voia să lăsăm oamenii să ne fure inimile. Știa că am fi găsit mereu o cale să ne întoarcem la ce contează, indiferent cât ar fi durat rătăcirile noastre. Așa cum ea se întorcea mereu la Dobrogea ei. Ce nu știe mama este că ea a fost profesoara mea preferată. Ea m-a învățat să dăruiesc. Îmi dădea hainele și jucăriile de care țineam cu dinții ca un copil turbat și îmi spunea că *„de unde dai, Dumnezeu îți dă înapoi”*. O văd pe mama, cu nimbul ei făcut din fum de țigară și cu paharul de șpriț cu multă apă, și înțeleg că Dumnezeu suntem și noi, de fiecare dată când putem fi răi și alegem să nu fim. De fiecare dată când știm că am putea face rău și nu facem, de fiecare dată când salvăm un câine de pe stradă, de fiecare dată când nu aruncăm cu *hate* pe internet, de fiecare dată când îi construim pe ceilalți în loc să-i demolăm. Mama știa ce vorbea. De când am învățat să număr, număr anii care trec fără ea și parcă mai bine n-aș fi învățat să număr.

Fata lu' mama

Deși mă îmbrăca în cele mai frumoase rochițe, primite cadou de la nașa mea din Suedia (sora tatei) și de la soră-mea din Canada, am știut mereu că mama și-ar fi dorit să fiu băiat. Știa că mă pot descurca fiind fată, dar i se părea că bărbaților le este întotdeauna mai ușor, orice ar fi făcut. „*Bărbații și-o scutură și pleacă*”, mi-a zis când am mai crescut, și, deși atunci nu înțelegeam, acum înțeleg. Pentru că bărbații, la vremea în care mama s-a căsătorit cu tata, trebuiau să aducă bani în casă, în timp ce creșterea copiilor le revenea exclusiv femeilor – chiar dacă și ele lucrau.

Mama le făcea pe toate. Mă ajuta la teme în clasele primare, adică verifica să vadă dacă mi s-a îmbunătățit caligrafia – îi păsa mai mult dacă scriu frumos decât dacă eram frumoasă. Gătea pentru noi, mă ducea la școală, mă scotea în oraș de 1 iunie, mă lua cu ea la muncă sâmbăta și mă lăsa să mă joc pe calculatorul ei de acolo în timp ce ea completa niruri de mână. Lucra pentru o firmă care aparținea unui iordanian, unui sirian și unui palestinian de la care furase araba, pe care o înțelegea, în timp ce ei credeau că ea nu înțelege nimic. Munca asta, de contabil, presupunea că uneori trebuia să fenteze statul, să ascundă date contabile care i-ar fi putut face rău ei, iar mama știa că semnătura ei însemna că e responsabilă pentru orice neregulă. Așa că avea grijă să nu facă niciodată nereguli și se certa cu șefii dacă o puneau să acopere ceva sau să declare altceva. Nea' Zafiu era șoferul; o ducea într-o Dacie break la toate băncile din oraș ca să depună bani, să scoată bani, să schimbe bani. Lucra cu cifre, așa că era întotdeauna atentă la orice detaliu. Asta se traducea printr-o ordine excesivă. Când se întorcea de la muncă, sâmbătă, șmotruia în casă până când becurile străluceau orbitor. Cred că ai fi putut să faci operații la noi în sufragerie, atât de curat era. Ce om din lumea asta spală geamurile în fiecare weekend? Mama făcea asta. Erau atât de curate încât porumbeii se mai ciocneau de ele și ne trezeau în diminețile de duminică în care dormeam până târziu. Posibilitatea de a dormi până târziu exista doar duminica, pentru că în timpul săptămânii ne trezeam toți devreme. Sâmbăta, mama lucra. Duminică ar fi vrut să mai doarmă, dar eu mă sculam la șapte dimineața și mergeam în sufragerie, dădeam drumul la televizor și mă certam cu desenele animate. Ar fi vrut să mă certe și ea pe mine, dar când mă vedea înfofolită în pătură ca gemul în clătită, superentuziasmată de Pokemoni și ce mai dădeau pe PRO TV, mă lăsa în pace și se retrăgea în bucătărie, își făcea cafeaua și își aprindea o țigară. Știu, pentru că mirosul ăla înțepător îmi prindea nările și mă făcea să merg acolo în pauze, să-i zic că mi-e foame și să o rog să-mi dea ceva de mâncare. *„Oare la bătrânețe așa o să-mi aduci și tu o cană cu apă când o să ți-o cer, mamă?"* mă-ntreba ea fără să aștepte răspuns și-mi aducea farfurioara la nas, ca să continui plonjeul în desenele animate.

Mamei i se părea că am apărut în viața ei așa cum apare salvarea după ce ai sunat la 112, dar cei de pe ambulanță greșesc de vreo două ori apartamentul înainte să ajungă la tine. În primul rând, se rugase la toți sfinții să fiu băiat. *„Băieților le e întotdeauna mai ușor, ei trec prin viață ca prin brânză. Aș fi vrut să fii băiat, ca să nu-ți fie niciodată atât de greu pe cât mi-a fost mie."* Cred că sfinții au ascultat-o și apoi s-au încurcat în dorințe: i-au trimis o fetiță care avea curajul și energia unui băiat. Când am dat pantofii roșii din lac pe adidași, am fost cel mai fericit copil din lume, pentru că puteam să-l bat pe Mugurel, băiatul de care îmi plăcea. Și ce ne mai băteam. El îmi punea piedică, eu îi trăgeam una în ouțe. El mă dădea cu capul de calorifer, eu îi dădeam un pumn în gură. Aveam picioarele slăbănoage și o atitudine de războinic, nimic nu mă speria, nimic nu mi se putea întâmpla. Acum știu că a avea curaj înseamnă uneori a fi inconștient. Atunci nu-mi păsa că Mugurel era de două ori mai voinic decât mine, săream la bătaie dacă mă provoca. Poate și pentru că mama îmi trântise un *„Dacă-mi vii acasă bătută, te bat și eu"* la începutul școlii, iar eu o luasem în serios. Nu m-a bătut niciodată; mi-a dat doar o palmă când i-am răspuns urât, cu mult mai târziu. Când mă băteam cu Mugurel, glasul meu încă nu învățase că poate să nu fie de acord cu ea.

Mama mi-a povestit cum a visat că un porumbel i-a adus o panglică albastră la geamul dormitorului nostru și cum a înțeles că va avea băiat. Mi-a povestit și cum, când m-am născut, cu două zile înainte de ziua ei de naștere, a aflat că sunt fată și nu a vrut să mă vadă. Și totuși, când m-a văzut, mică și a ei, s-a îndrăgostit de mine iremediabil și a plâns simțindu-se vinovată că gândise așa. A compensat iubindu-mă și poreclindu-mă în cele mai drăguțe feluri. Mi-a zis și că tataie de la Băneasa, tatăl ei, pe care ea l-a iubit, dar pe care eu n-am putut să-l iubesc niciodată – fiindcă mi-au vorbit de el și ceilalți, nu doar ea, și așa am aflat că o bătea –, spunea că sunt *„trandafirul familiei"*. A murit la două luni după ce m-am născut, așa că eu nu l-am cunoscut. Dacă poți iubi o veșnicie oameni pe care i-ai cunoscut și pe care nu-i mai ai lângă tine, mie mi se pare că e imposibil să iubești oameni din poveștile incomplete ale celorlalți. Mama și-ar fi dorit să-l iubesc cum o făcea ea, dar a văzut că nu pot și nu a mai insistat. Despre morți numai de bine.

Salvarea ei. După avorturile din timpul lui Ceaușescu, mama a rămas cu hemoragii cumplite de fiecare dată când îi venea ciclul. I s-a întâmplat asta când aveam aproape doi ani și prietenii noștri de familie erau la noi. S-a dus în baie și a rămas acolo. Sângera pe gresie. Mi-a povestit de câteva ori momentul ăsta. Mergea printr-un tunel de lumină. A văzut un gard. De partea cealaltă era tataie Aurel, tatăl ei. O chema la el, iar ea se ducea așa, ca-n reclamele în care mirosul cafelei te prinde de nas și te poartă cu el. Când era cât pe ce să ajungă dincolo, m-a auzit pe mine strigând-o *„Mami, mami!"*, s-a întors și m-a văzut cu brațele întinse către ea. A alergat înapoi către mine, ca să mă ia în brațe. Când s-a trezit, tata și prietenii care erau la noi spărseseră ușa și salvarea era pe drum. Nu-mi amintesc nimic, dar amintirea există. A construit-o mama în mintea mea de fiecare dată când mi-a povestit asta. Mi-a zis că am salvat-o. S-a întors pentru că o strigasem, pentru că aveam nevoie de ea, pentru că eram motivul ei de a trăi. Povestea asta m-a bucurat. O iubeam pe mama enorm. Singura mea frică de când eram mică era că poate va veni ziua în care ea nu va mai fi. Stăteam în centrul gândurilor mele și nu mă puteam mișca. Începeam să plâng cu sughițuri, gândindu-mă că aș vrea ca mama să mă ia cu ea dacă moare, fiindcă nu puteam trăi într-o lume în care ea nu mai era, o lume în care ea mă adusese. Făceam pipi în pat și rămâneam în balta aia, paralizată, plângând pe înfundate, fără aer. *„Mami, zi-mi că tu n-ai să mori”*, i-am zis imediat ce m-am trezit, asudată, în niște pijamale cu mașinuțe pe ele. Mama a râs și răul s-a făcut mic de tot și a dispărut, cu tot cu gândurile mele. *„Mama n-o să moară, Liluț. Oricum, mamele nu mor niciodată.”* M-am liniștit. Mama își ținea promisiunile. Dacă mama îmi zicea asta, puteam să stau liniștită. Gândul nu mi-a părăsit niciodată mintea, dar am reușit să negociez cu el și să trăiesc cu aparițiile lui. Se așternea ca o umbră și apoi forța și râsul mamei îl făceau să dispară. Mi-am imaginat de mii de ori cum ar arăta viața fără mama și după gândul ăsta nu urma nimic. Finalul vieții ei era momentul în care lumea se termina.

Visam urât adesea. Dimineața mă aruncam în pat peste ea, iar ea îmi spunea *„Cu noaptea a venit, cu noaptea să se ducă”*, de parcă ar fi blestemat coșmarul pe care îl avusesem, și începea să-mi mângâie părul. Stăteam cu capul pe burta ei, avea o burtă mare, ca o semilună, cu o aluniță pe ea – un fel de cireașă pe tort. O întrebam de ce are burta atât de mare și-mi spunea că e un apartament cu două camere, că acolo locuise Andreea și apoi eu. Îmi plimbam degetele pe ea; avea pielea fină, ca de bebeluș. Ce copil norocos eram, mă gândeam, ce bine că mama era mama mea, nu a altui copil. *„Părinții nu-și aleg copiii. Dar copiii își aleg părinții”* mai spunea ea și din nou cuvintele ei aveau sens, pentru că-mi plăcea atât de mult de ea încât îmi venea să-i ronțăi degetele ca pe niște sticksuri. Mereu îmi vine să mușc oamenii când îmi sunt dragi, chiar și-acum, la 31 de ani. Parcă aș fi un cățel. Unii oameni îmi plac atât de mult încât aș vrea să-i ling pe față. Făceam asta cu mama. Ea mă mușca de fund și eu o gâdilam la tălpi, ea-mi dădea palme de alint la fund, iar eu mă prefăceam că încă mai sug la țâța ei mare, la fel de generoasă ca ea.

Mergea goală prin casă după duș, ca o femeie primordială, și-mi spunea că a fi femeie înseamnă a te iubi așa cum ești, cu toate depresiunile, câmpiile și munții tăi. Îi vedeam pădluricea întunecată și speram că a mea n-o să fie pădurice, că n-o să fie întunecată, deși acum arată exact așa. Mă uitam la corpul ei ca la pupa pe care o lăsasem în urmă. Mama fusese săculețul meu de dormit și așa o simțeam și acum, când creșteam. Era cald pe lângă ea, dar nu mai era suficient de încăpător. Crescusem. Deveneam din ce în ce mai mult a mea și din ce în ce mai puțin a ei.

Cu cât mă îndepărtam mai mult, mama mă iubea din ce în ce mai tare, dar mă lăsa în pace. Nu mă mai căuta ea să mă muște, o căutam eu pe ea. *„Vă sunăm noi”*, râdea ea și mă primea de fiecare dată înapoi, chiar dacă eu o respingeam de fiecare dată. Se făcea că nu înțelege. Și știu că făcea asta doar ca să mă poată iubi și mai mult, din ce în ce mai mult, mereu mai mult. Cu cât deveneam mai mult adolescentă, cu atât și-ar fi dorit să fiu mai multă vreme copil. *„E mai greu să fii femeie. Te doare burta lună de lună, naști – o durere mai mare decât asta nu există, te confrunți cu oameni care vor mereu să te reducă la o pereche de țâțe, picioare sau ovare. Nu ai voie să arăți că ceva te doare, ca să nu pari fragilă. Dacă ești bibelou, oamenii vor să te spargă. Nu fi un bibelou, mamă, luptă-te. Luptă-te. E viața ta, nimeni nu are dreptul să ți-o ia.”* Mama vorbea uneori de parcă treceau prin ea învățăminte dintr-o lume la care nu aveam acces, ea fiind un fel de șaman de sufragerie. Apoi reveneam la ce făceam noi împreună: tocănițe, dansat, râs și poate că ar fi vrut să-și ia înapoi cuvintele, dar ele rămâneau rătăcite în mine, în dezordinea gândurilor mele. Când Ani, verișoara ei, era pe punctul de a divorța de soțul abuziv, mama i-a spus să vină la București. Ani a rămas acolo, dar mama le-a trimis ei și Cristianei, fiica ei, un pachet cu mâncare și haine. Cristiana mi-a zis că-și amintește că mama le trimitea mereu pachete, că atunci a primit una dintre uniformele care îmi rămăseseră mie mici, cu o broșă în formă de cireșe pe ea. Noi, în schimb, nu știam nimic. Nu știam că mama face asta. Mama a ținut mereu cu femeile. A ținut mereu cu noi.

„Nu mai sta așa, răscrăcărată" îmi mai zicea ea când mă vedea uitându-mă pierdută la Sailor Moon și eu nu înțelegeam unde greșesc, de ce nu e bine că stau cum stau. Parcă voia să fiu băiat. *„Aoleu, mamă, că dezordonată mai ești, cine o să te ia așa?"* Trebuia să mă ia cineva? Și dacă da, unde ar fi trebuit să mă ducă? Astea erau meciurile noastre, că eu nu-mi fac ordine în cameră, că nu-mi fac patul – de ce să-l fi făcut dacă oricum urma să dorm acolo?, că-mi arunc hainele pe jos, în maldăre prietenoase, ceea ce domnișoarele nu ar trebui să facă. Dar eu nu eram o domnișoară și nu aveam nici cea mai mică intenție să fiu. Eu nu eram fragilă și nu eram cuminte. Eu eram un dezastru creativ, un copil care desena pe linoleum și care își petrecea ore întregi construind lumi care nu existau, pe care apoi le dădea uitării. Mă certa și în cele din urmă o lăsa așa, sperând că mințile mele se vor întoarce la mine în cap ca-n transhumanță. Spera că mă voi întoarce de la a fi mai degrabă băiat la a deveni fată. Își pusese toate speranțele în trecerea timpului. Dacă ea nu reușise să mă facă să fiu mai feminină, timpul avea să mă învețe asta. Dar fustele și rochițele nu mi-au plăcut niciodată, cu excepția unui moment în care Avril Lavigne mi s-a părut megatare. Când am devenit adolescentă, în loc să vreau să-mi arăt corpul, eu mi-l ascundeam în pantaloni largi și bluze lălâi. Când verișoara mea Elena, fata mătușii mele,

s-a mutat la noi în București când eu aveam vreo 12-13 ani, mi-a făcut cadou de ziua mea o trusă de machiaj pentru care am certat-o. Eu voiam maimuțoi de pluș, nu farduri. *„Aoleu, mă, mamă, mă, că șleampătă mai ești. Fii și tu mai fată”* mai zicea mama când mă vedea în treninguri, cu pasul meu țopăit, de copil care iese să bage o leapșa. Știa că-mi plac băieții, îi povestisem de Mugurel când eram mică și aflase de celălalt, primul băiat cu care m-am pupat, când a primit factura la telefon și a văzut că vorbisem de pe fix pe mobil de câteva sute de lei, ceea ce a transformat o seară de familie într-o dramă. Principala ei grijă era că sunt prea băiat chiar și pentru o fată. Adevărul e că eram tare în gură și că mi-am luat bătaie de la băieți mai mari decât mine. Am primit, la un moment dat, un șut de fotbal între picioare și am ajuns acasă sângerând, deși nu-mi venise încă ciclul. M-am gândit că mi-am pierdut virginitatea și am zis să testez terenul. Mama s-a uitat la mine lung, cu o față care mi-a dat de înțeles că s-a prins mai mult sau mai puțin că spuneam că vreau să fac sex. Nu m-a întrebat de unde știu ce înseamnă cuvântul *„virgină”*, pentru că îmi explicase ea asta. Dar de atunci a fost atentă la ce făceam, gândindu-se că sunt o fată excitată care de-abia așteaptă să descopere ce e ăla sexul. Știam că pentru generația mea sexul nu o să însemne niciodată ce a însemnat pentru generația mamei mele, o generație de fete care s-au căsătorit virgine și care au făcut sex doar cu bărbatul cu care s-au căsătorit.

Când mi-a venit ciclul, am fost incredibil de fericită. M-am învoit de la sport spunându-i profului că am *„probleme de fete”*. Le-am spus fetelor din grupul meu de prietene, dar pentru că nu m-au crezut, am ieșit pe stradă cu un absorbant însângerat de parcă era cearșaful de după noaptea nunții, iar ele au fugit de mine pentru că era scârbos ce făceam. Eram cea mai mică din grup și-mi dorisem luni întregi să-mi vină ciclul, temându-mă că dacă nu-mi vine până la 14 ani, o să mor, așa cum umbla vorba printre noi. Era 27 noiembrie – aveam 12 ani și nouă luni când mi-a venit ciclul. Mamei i-am fluturat pe la nas chiloții a doua zi de dimineață, iar ea m-a întrebat ce fac, apoi m-a luat la o discuție serioasă și mi-a zis că am devenit femeie. Mi-a zis că din acel moment urma să fiu responsabilă pentru deciziile mele, că orice aş alege să fac cu corpul meu, trebuia să am grijă de mine. A vrut să-mi explice cum se folosesc absorbantele, dar am concediat-o rapid, spunându-i că învățasem asta la școală. Mi-a explicat doar ce e ăla ibuprofen și cum să iau pastila dacă mă doare burta. De atunci m-a lăsat să mă descurc cu ciclul meu. Când am mai avut accidente și mi-a venit ciclul la școală nefiind pregătită pentru asta, mi-a dat bani de taxi ca să vin acasă cu geaca legată la brâu, cum făceam toate când eram mici. M-a învățat să număr zilele de la un ciclu la altul și mi-a zis că, în general, ciclul o să-mi vină cu trei zile mai devreme în fiecare lună. Și, nu, nu-i ziceam *„menstruație"*, pentru că nu eram la televizor și nu vorbeam în termeni medicali, îi ziceam *„ciclu"* și știam amândouă la ce ne referim. Mi-a povestit și despre ovulație, chiar dacă voiam să mă ascund de ea sub pat fiindcă făcea asta. Mi-a explicat din nou, dar în detaliu, de unde vin copiii, după ce-mi spusese asta prima oară când aveam patru ani – *„Un copil apare când un bărbat și o femeie se iubesc și se ating."* De data asta a intrat în multe detalii, iar mie-mi venea să intru în pământ de rușine.

Tot ea îmi zicea *„Virginitatea e cea mai mare comoară a unei fete"* și tot ea îmi spunea: *„Mamă, dacă totuși faci sex, să te protejezi. Nu vrei să fii un copil cu un copil"*. Știu că mama nu a condamnat femeile care au avortat, și asta nu pentru că a fost una dintre ele, ci pentru că nu vrei să faci un copil ca să te simți captivă, vrei să-l faci ca să îl iubești. De fiecare dată când luase decizia asta tăiase o parte din ea. Părți pe care le-a vindecat cum a putut - dacă a făcut-o vreodată. Am înțeles că am, spre deosebire de ea, un arsenal întreg care să prevină o sarcină nedorită. Și ea a vrut să înțeleg asta, că, atunci când *„Bărbatul și-o scutură și pleacă”*, femeia e cea care rămâne acolo și are grijă ca floarea să devină fruct. Ea are grijă de tot.

Mare e grădina domnului. Dar stai să o vezi pe-a doamnei. E grădina în care am crescut, printre toate lucrurile pe care mama n-ar fi vrut să mi le zică și totuși mi le-a zis. Iar eu am înflorit și am devenit un fruct nerușinat. Ea își iubea corpul. Și iubea să fie femeie. A iubit până și corpul meu mai mult decât am fost eu capabilă să o fac vreodată. E mai greu să fii femeie decât bărbat, știu, am simțit-o în repetate rânduri. Dar nu aș schimba nimic din tot ce am primit. Cadourile nu se dau înapoi. Le primești și le ții pentru tine. Eu am primit cadoul ăsta. Am învățat să fiu femeie de la femeia care a iubit că e femeie, dorindu-și ca eu să fiu băiat, ca să-mi fie mai ușor. Dar nu mi-a fost.

Rime

E simplu să bați la ușă și să aștepți să ți se deschidă. În general, oamenii ajung la vizor, se uită prin el, decid că au chef de tine sau nu, își amintesc ce relație au cu tine și se gândesc dacă să te lase înăuntru. Dar, când ai un metru și-un pic, e greu să faci asta. Ai nevoie de un scaun, trebuie să-l aduci la ușă, să te urci pe el și să vezi cât de străin e străinul pe care-l vezi. Așa că mama nu bătea la ușă și nu suna la sonerie. Mama inventase o nouă modalitate de a deschide uși. Le gâdila până când o auzeam și știam că e ea. Mai exact, cu mâna paralelă cu ușa, mama folosea același gest enervant pe care-l faci când te concentrezi și bați darabana pe birou. Știam că e ea fără să mă uit pe vizor, fără să verific și-i deschideam. *„Ce mi-ai adus?” „Un pui de fâs.”* Asta îmi zicea dacă venea acasă cu mâna goală, dacă nu avea nimic în punga aia de plastic atât de specifică părinților noștri în anii '90. Acum urâm plasticul, și pe bună dreptate, dar atunci marea bucurie a capitalismului era plasticul. Nici nu știu de unde să încep să descriu cât de fericită a fost mama când a descoperit dresurile din lycra, care rezistau mai mult decât dresurile clasice, alea cu dungă, pe care trebuia să și le aranjeze de mii de ori pe picior într-o singură zi. Eleganța ei nu mai trebuia să fie ceva dureros, ceva care presupunea efort extra. Putea să fie ceva simplu, ca un dres care stă pur și simplu pe picior fără să aibă voință proprie și să alunece spre magma planetei, făcând-o pe mama să se încingă la fel de tare când simțea cum dresul o ia la vale, către glezne.

Îmi aducea mereu câte ceva. Copiii îi ziceau *„Doamna Ciocolată"*, dar pentru mine era mama, care recupera mereu câte o ciocolățică de prin depozite. Toate brandurile alea mari aveau o replică românească. Așa că am mâncat ciocolată cu alune și caramel, ciocolată cu caramel și cremă de lapte, ciocolată cu cocos, care nu se numea Bounty, ci Americana. Promisiunea libertății venea la pachet cu o reclamă în care o tipă cu un fund perfect stătea cu el întors către noi. Purta blugi și avea mâna pusă pe ciocolata asta, care îi ieșea din buzunarul de la spate. Mâncam ciocolată Africana umplută cu creme care acum sunt contraindicate. Mâncam ce îmi aducea mama: dulciuri care stăteau să expire, dacă nu cumva chiar expiraseră. Pe alea le primea gratis, pe alea le aducea acasă, pe alea le mâncam fără să pățim nimic. Ea m-a învățat ce înseamnă *„a expira"* și tot ea m-a învățat că, uneori, datele alea de pe ambalaje pot fi ignorate fără să mori. *„La câte chimicale au, mamă, ai putea să le mănânci și peste 200 de ani și probabil n-ai avea nimic."* Se străduia totuși să nu ne omoare, așa că la școală aducea întotdeauna ciocolate în termenul de valabilitate. Fiindcă am avut din plin, dulciurile nu mi-au plăcut niciodată mai mult decât un *„Am poftă de ceva dulce"*. Nu eram disperată după ele, nu dădeam buzna în bucătărie când ai mei dormeau ca să caut ca un raton ceva ce-mi interziseseră.

Erau acolo și erau în regulă. Îmi plăceau mai mult cornulețele cu dulceață pe care le făcea mama, tortul al cărui blat era copt în oala de ciorbă în cuptor, învelit în cremă untoasă de ciocolată și ornat neapărat cu kiwi și banane, clătitele pe care le întorcea în aer. Nu se omora cu făcutul dulciurilor în casă, parcă trasase o limită între iubirea ei pentru noi și iubirea lui mamaie pentru noi. Își disputaseră acest teren, iar mama primise mâncarea de zi cu zi, ca să se asigure că n-o să ne îngrășăm până ne rostogolim pe scări fiindcă nu mai încăpem în lift, dar că mâncăm în fiecare zi. O aud și acum, fără să-i mai aud vocea, ci doar cuvintele, spunându-mi *„Mănâncă ce gătește mama, așa slăbești, nu cu rahaturile alea din comerț de covrigei și fast-food.”* Și totuși îmi aducea dulciuri când venea de la muncă, pliante primite pe stradă, pufuleți de la Rădița (femeia care avea aprozarul de jos, la câteva scări distanță) sau, pur și simplu, nimic. Puiul de fâs era o pungă goală, dar eu mi-l imaginam ca pe un monstruleț lacom care a devorat tot ce s-ar fi putut găsi în punga aia, înainte ca mama să ajungă acasă.

Doamne, cât urăsc pungile de plastic. Aș prefera să-mi car cumpărăturile în brațe 15 kilometri decât să le bag într-o pungă de plastic și știu că și mama le ura, dar în ele, pe lângă ce așteptam eu de la ea, mai intrau și așteptările celorlalți de la ea. Aducea în ele dosare cu șină și țiple doldora cu acte pe care trebuia să le rezolve în timp ce voia să se bucure și de familia ei. Punga nu se potrivea niciodată cu geanta, mereu de piele, mereu asortată la pantofi, indiferent de anotimp sau cât de săraci aveam impresia că suntem.

Când lua salariul, îmi lua și un Happy Meal. Prima oară când am mușcat din burgerul ăla de la McDonald's am auzit heruvimi în fundal. Nu numai că avea gust dumnezeiesc, dar odată cu el primeam și o jucărie. Prima a fost iubita lui Bugs Bunny pe un teren de baschet, iar pe mine m-a prins microbul și am înnebunit-o cu McDonald's în sus, McDonald's în jos. Am ajuns la o înțelegere avantajoasă cu mama, fiindcă făceam asta deja: dacă învățam bine, primeam un Happy Meal pe lună. L-am primit mereu, pentru că mama își ținea promisiunile. Nu conta că era ruptă de oboseală după serviciu și că ar fi vrut să eșueze în pat. Nu conta ea, contam eu. De oriunde ar fi venit, trecea prima oară pe la McDonald's și apoi venea acasă cu punga aia în care erau cartofii prăjiți, burgerul și, mai ales, jucăria. Le-am strâns ani întregi, până când n-am mai avut loc de ele în cameră. Țin minte că în primul an în care au apărut luminițele în București ne-am dus pe Magheru. Era seara de dinainte de Revelion, iar noi am coborât la Romană și am mers pe jos până la Universitate. Când ne-am întors, mama s-a gândit să-l detroneze pe Moș Crăciun, în care oricum nu credeam, știam că ea e Moșu', și ne-am oprit la McDonald's, unde mi-a luat un Happy Meal. Ea nu și-a luat nimic, ca de obicei. Ar fi dat orice să mă vadă fericită. Dacă avea bani de dat, i se părea ușor să facă asta. Asta a fost ultima oară când m-a ținut de mână, când am vrut eu, de fapt, să o țin de mână. Aveam deja 10 ani, eram mare de-acum. Era anul 2000 și asta suna cumva. De ce n-aș fi trecut și eu la următorul capitol din viața mea, cel în care mama, care-mi fusese complice până atunci, devenea un simplu actor care mai intra din când în când pe scena vieții mele, fără să aibă rolul principal, ci doar unul de figurație?

De-abia așteptam să se întoarcă de la birou ca să-mi mai spună povești, ca să-mi mai pună porecle, ca să mai râdem împreună de mine. De la ea am învățat că cel mai important lucru în viața asta este să râzi de tine înainte să râzi de ceilalți. Ideal, de fapt, e să râzi doar de tine și niciodată de ceilalți. *„Nu știi prin ce-au trecut, mamă, așa că râzi de tine, dacă poți, nu de ceilalți. Fiecare ne ducem poveștile mai departe așa cum putem, n-ai niciun drept să judeci pe nimeni* *niciodată.*" Am fost, pe rând: „*Aptamiluț*", „*Liluț*", „*Lile*", „*Läurica*", „*Laura Balaura*", „*Luluț*", „*copil precocoinfantil*", „*cocuță*", „*pizduță*", „*trandafirel*", „*zoaie*", „*cel mai dezordonat copil din lumea cunoscută*", „*diliman*", „*dilimanjaro*", „*freakyneloză*", „*copil zbanghiu*", „*hai, mă, mamă, mă*", „*la revedere*", „*îngerul meu, tu ești îngerul meu*". Poreclele depindeau de ce prostie făcusem sau cât de prost făcusem ceea ce mi se dăduse să fac. Spre exemplu, „*zoaie*" apărea când spălam vasele și reușeam să umplu toată bucătăria cu apă. O enervam pe mama până la punctul în care ajunsese să facă singură totul în casă. Tata greșea, eu greșeam. Ca să nu mai greșim și neavând răbdare cu lipsa noastră de atenție la detalii, în cele din urmă ajungea ea să facă tot. Să spele, să frece, să gătească – în timp ce eu și tata stăteam pe canapeaua din sufragerie ca doi copii care-și dezamăgiseră părinții. Doar că eu chiar eram copilul.

„*Mamă, tu ești atât de tălâmbă încât te împiedici de florile de pe covor.*" Asta mi-a zis după ce mi-am scrântit piciorul atât de rău încât n-am mai ajuns la școală două săptămâni. Am stat cu el învelit în foi de ceapă care miroseau oribil. Am stat cu el și în foi de varză. Și apoi au urmat băile cu tărâțe, pe care le făceam oricum săptămânal și pentru mâna ruptă, ca nu care cumva să rămân cu vreun semn pe viață. Când mi-am scrântit piciorul în sufragerie, decisesem că acea cameră e un loc mai bun în care să exersez pentru viitoarea mea carieră în balet, iar mama a venit să mă culeagă de jos, după ce picasem și rămăsesem acolo, răcnind ca un animal rănit. Aplica și tratamentul de la doctor – Burov –, dar și leacurile ei de vrăjitoare din Dobrogea. A crezut întotdeauna că medicina alternativă e ca o atelă care o susține pe cea reală, cea prescrisă de medici. Mi-a făcut toate vaccinurile la timp. Mi-a făcut, în pofida țipetelor mele, toate injecțiile cu penicilină, când am răcit la plămâni. Nu mi le făcea ea, pentru că, deși știa cum, nu putea să mă facă să sufăr mai mult decât sufeream deja. Venea la noi tanti Didi, buna ei prietenă *cu mână ușoară*, care mi-a făcut atât de multe injecții în fund, încât în loc de fund aveam două vânătăi uriașe în care nu mai găseai spațiu să înțepi. Știam că e tanti Didi de când liftul oprea la etajul șapte și începeam să plâng în hohote, de durere, încă dinainte ca durerea să se facă simțită din nou. Mi-am dat seama că în fața durerii cel mai bine este să fii relaxat, există anumiți pași pe care nu-i poți sări. Orice aș fi făcut, acul ăla oricum urma să îmi străpungă pielea. Sunt lucruri de care nu scapi, oricât de mult ți-ai dori. Cu cât înveți asta mai repede, cu atât mai bine. Cu cât te predai, cu atât doare mai puțin. „*Nu încorda, nu te încorda, lasă moale*", ziceau amândouă, și eu mă străduiam din răsputeri să nu-mi fie frică, să-mi las pielea liberă, ca o foaie de hârtie pe care vârful stiloului o poate străpunge ușor. Au.

Când aveam vreo patru ani, mama s-a întors acasă cu un zâmbet uriaș pe față și mi-a povestit despre prima reclamă pe care a făcut-o vreodată. Cum nu existau agenții de publicitate – și, chiar și dacă ar fi existat, o firmă care importa alune n-ar fi avut bani pentru ele –, mama le-a propus celor pentru care lucra să bage o reclamă la televizor în timpul campionatului mondial de fotbal din 1994. Au fost uimiți de inițiativa mamei, cum erau uimiți de toate inițiativele ei, dar au fost de acord. După un brainstorming cu o echipă de contabili lipsiți de orice fărâmiță de creativitate, mama le-a dat liber și a venit acasă. Cu un șpriț, o țigară și tot ce știa despre oameni, mama a scos un slogan care mi se pare bun chiar și azi, mai ales azi, când oamenii vorbesc fără să spună mare lucru. „*Țuica fără prune e ca berea fără alune. Alunele Felix*" – ăsta a fost sloganul scos de ea și îmi place să cred că ăsta e în continuare motivul pentru care bărbații se îndoapă cu alune în România când beau bere. L-a legat de ceea ce suntem noi ca popor. L-a legat de țuică. Ce curajos. Cine ar mai fi scris asta azi? Era doar un *packshot* în care apăreau alunele și, în fundal, o voce de femeie zicea replica asta.

Mama avea felul ei de a face cuvintele să o asculte și de a-i face pe ceilalți să-i asculte cuvintele. Nu știu pe unde le auzea și nu mi-e clar cum le transforma în altceva, dar am crescut văzând-o cum mă poreclește și cât poate să fie de deșteaptă la nivel lingvistic. Pe limba ei, cuvintele se topeau precum zahărul și ascultau de o altă logică, una pe care nu am înțeles-o niciodată. Ăsta a fost cadoul pe care l-am primit de la ea, cuvintele pe care nu mi le puteam lua înapoi, cuvintele pe care, dacă mă străduiam suficient, le puteam transforma în ce voiam eu. Mi-a arătat cum te poți juca tot restul vieții tale dacă renunți la păpuși și adopți cuvintele. Inventa diminutive pe care nu le auzisem nicăieri, spunea povești pe care le scotea la mal doar ca să nu mai fac eu valuri și să adorm. După ce am început să scriu, i s-a părut prea pretențios modul meu de a mă exprima – eram un copil de 17 ani care citise prea multă critică literară. Nu înțelegea de ce plângeam atâta, când gura oamenilor era făcută pentru două chestii: glume și râs. Mi-ar fi plăcut să o ascult, deși mi-e clar că nu ne putem auzi părinții decât atunci când trecem de 20 de ani. Îi auzim când nu mai sunt vocea din capul nostru, ci devin o voce din exterior. Când ne întoarcem la ei pentru că vrem, nu pentru că nu avem încotro.

Mi-ar fi plăcut să o întreb dacă și-ar fi dorit să scrie și poate că mi-ar fi răspuns. Nu imediat, și-ar fi luat niște timp să se gândească. Părinții noștri au avut timp să trăiască, să se iubească, să ne crească, dar nu au avut timp să se gândească. Mama nu a avut timp să se întrebe dacă ceea ce face e bine. Viața a dus-o și ea s-a dus cu viața, oriunde s-a putut mai bine, de cele mai multe ori în amonte. Nu mi-o amintesc citind, poate că făcea asta după ce adormea *„îngerul ei"*. O văd citind ziare, rezolvând cuvinte încrucișate, ajutându-l pe tata, care se credea *creativul* casei, la integrame. Nu o văd citind, dar o văd punându-mi în brațe *Basmele românilor* ale lui Petre Ispirescu. Nu o văd citind, dar mă văd pe mine citind sub nucul din fundul curții. Pierdută de tot cu Dochia și Decebal, și mamaie care îmi mai aducea niște pandișpan cu vișine. Treceam în clasa a II-a. Nu o văd citind, dar o văd dându-mi cartea lui Hector Malot, *Singur pe lume*. Cu mintea de acum nu pot să nu mă gândesc că poate mama a fost un profet; știa că durerea mea va părea mai mică dacă o voi fi trăit înainte să o simt pe bune. Mă ascundeam în brațele ei și plângeam după Sufletel, așa cum mai târziu m-am ascuns prin cearșafuri și mi-am dat seama că Sufletel era ea. Mama mi-a făcut cadou *Cireșarii* și tot mama mi-a dat să citesc *Don Quijote*, poate pentru că toată viața ei se luptase cu morile de vânt. Mama mi-a dat să citesc Stendhal, Balzac și J.K. Rowling, mama mi-a dat să citesc *Plai cu boi* și *Libertatea*, mama mi-a dat să citesc etichete de șampon, subtitrări de film și multe benzi desenate. Mama mi-a dat să citesc, pentru că și-a dorit întotdeauna să pot citi ceea ce e cel mai greu: oamenii. Unde mama a dat, a crescut. Ea mi-a dat să citesc. *„Unde dă mama, crește"* zicea ea, care nu m-a lovit decât cu tăcerile ei. Pentru că, atunci când mama înceta să-mi vorbească fiindcă fusesem nesimțită, lumea se oprea și aștepta cu sufletul la gură ca eu să-mi cer iertare doar pentru ca ea să vorbească din nou. Cu glasul ei ferm, cu rimele ei de copil, cu poreclele pe care numai ea putea să mi le pună, cu poveştile ei mitologice. Poate că ar fi vrut să scrie. Dacă ar fi scris cum vorbea, ar fi fost un scriitor minunat. Ar fi fost un scriitor bun. Dar și-a dorit să fie liberă într-o lume cenzurată. Și atunci a ales chimia. După care familia a ales-o pe ea și ea ales să ne crească aducând bani în casă, lăsând deoparte toate universurile pe care le conținea și care au devenit poveştile cu care am crescut. M-a surprins că m-a lăsat să scriu, dar poate că n-ar fi trebuit. Mi-a dat voie să decid, pentru că nu s-a considerat în măsură să nu-mi dea voie. Știa că oamenii decid pentru ei înșiși ce vor să devină. Am moștenit de la ea capacitatea asta de a arde, de a simți în exces, de a vedea prea mult. Dacă n-aş fi scris, m-aş fi ofilit aşa cum o făceau „*hoațele*" din Dobrogea, niște flori care înfloreau noaptea și dispăreau până a doua zi dimineață. Așa am reușit să supraviețuiesc momentului în care a murit, scriind. Știa ea. Ca întotdeauna, știa. „*Of, ce copil sensibil ești. Măi, mamă, lumea asta are atât de multe colțuri. Ce-o să te faci?*"

Unde mama a dat, a crescut. Mi-a dat de ales. Am avut de ales între ce credea ea că e bine și ce credeam eu că e bine. M-am ales pe mine. Nu mi-a dat de ales finalul pe care l-am avut noi două, un final pe care l-a scris ea. Până acum am scris zeci de povești și niciuna despre ea. Mama a dat, mama a luat. Sunt plină de vânătăi și totuși singura mea rană e ea.

Suntem doar noi două, mă duce la primul meu film. Desene animate, cum îmi plac mie, *Doamna și vagabondul*. Ajungem la Scala după un drum lung, ca distanța dintre Pământ și Lună. Uitase că nu știu să citesc, că sunt prea mică. Îmi citește tot filmul cu intonație, deranjează toată sala. Îi pasă, dar îi pasă de mine mai mult. Filmul se termină, iar noi ne oprim la McDonald's, la Romană. Îmi ia un Happy Meal. Plecăm acasă. Adorm în brațele ei. Ea e doamna. Doamna Mimi.

Sâni

Pe mama o dureau deja oasele de ceva vreme, când s-a hotărât să nu mai ignore că i se întâmplă asta și să meargă la doctor pentru niște analize. Știu că, parțial, refuzul ei avea de-a face cu diagnosticul de cancer la sân pe care îl primise în 1999, când eu aveam nouă ani, iar ea avea 44. Atunci mi-a zis că eu îi salvasem viața a doua oară. Se dusese să-și facă o mamografie după ce ne gâdilaserăm prin pat și eu o lovisem cu piciorul în sânul stâng, care o duruse suspect de tare, cum nu mai simțise niciodată. Mamografia a scos la iveală faptul că avea cancer avansat. Au urmat zile în care a umblat cu frunze de varză în sutien, tratamente alternative cu tot felul de ceaiuri, leacuri băbești. Când ești bolnav, toată lumea are o părere. Însă, în cele din urmă, cea mai importantă nu e nici măcar părerea ta, ci a doctorului. Mama s-a operat atunci la Fundeni, la un doctor cu nume de personaj din basme – Șapte Frați Pătați. Poate că era un basm, dar nu unul în care să ne dorim să fim personaje. Doctorul a scos răul care locuia în sânul ei, așa cum mi-a explicat ea. Așa era mama. Nu s-a gândit că poate o să moară ea sau că o să o doară sau că recuperarea va fi una grea. Nu, mama se gândea că ar fi lăsat în urmă un copil de nouă ani, unul de 22 și unul de 47, adică tata. Acum tata a ajuns să fie copilul meu, ceea ce mă amuză la fel de mult pe cât mă scoate și din sărite. Sunt o femeie de 31 de ani cu un copil de 69 de ani.

Nu țin minte mai nimic de atunci, pentru că mama m-a ferit de ceea ce se întâmpla. Știam ce înseamnă cuvântul cancer. Știam că este o boală care înfrânge oameni, îmi spusese asta o prietenă de-ale lui mamaie. O chema Olga și era fostă soție de general nu pentru că divorțaseră, ci pentru că el murise. Căsnicia lor fusese o luptă pe care el nu o câștigase. Era o femeie răutăcioasă și ascunsă, înaltă, cu părul rar, cu sandale pe care le purta cu dresuri. Avea mereu brânză între dinți și ajunsese să se apropie de familia noastră invocând faptul că fusese prietenă în tinerețe cu nașa mea, care-și amintea de ea așa cum îți amintești de oamenii care nu au contat. Adică mai deloc. Mi-a zis de cancer când îmi cumpăram o merdenea după ce terminasem orele. Nu știu de ce venise tocmai ea să mă ia de la școală. Am auzit cuvântul și, pentru că nu-l știam, mi-a explicat ce și cum. Ce-ul era că, dacă ai cancer, cel mai probabil o să mori, pentru că e o boală care nu iartă. Acum mama avea asta și eu știam ce e cancerul și mă temeam că poate o să se ducă la spital și nu o să se mai întoarcă niciodată.

Când mama s-a operat, am stat cu tata acasă și, în absența ei, nu știam ce să ne spunem. Eu îmi făceam temele în sufragerie, în timp ce tata se uita la seriale sau emisiuni de pe Antena 1. Mergeam în bucătărie să mâncăm, iar el îmi făcea sandviciuri și cartofi prăjiți cu usturoi, pentru că nu se prea pricepea la gătit chestii complicate. Mama ne gătea, mama venea la ședințele cu părinții, mama ne punea să facem curat în casă, mama punea murături. Ea era acul timpului, ne ținea pe toți la un loc. Acum era într-un salon de spital și învăța să-și folosească din nou mâna. Când am văzut-o prima oară după operație, se bucura că poate să urce mâna pe geamul din salon mai sus decât în ziua precedentă – asta era parte din recuperarea ei de după mastectomie. Nu știam că mama se poate îmbolnăvi; la ea fugeam când visam urât, când lumea mea de copil se clătina, când făceam pipi în pat. Mama fusese indestructibilă, iar atunci, pentru prima oară, îi puteam face rău prin forță fizică. Iar eu nici măcar nu eram un copil puternic, dimpotrivă.

Ciorile stăteau ca frunzele pe copacii de lângă Spitalul Fundeni. Cerul se încrunta. Ea ne zâmbea cu strungăreața ei de Maria Dragomiroiu, cum îi plăcea mereu să zică. Pipăia ușa din salon de parcă citea în Braille poezii de dragoste. Zâmbetul ei a mototolit și a aruncat la coș cuvintele Olgăi despre cancer. Mama râdea mai tare decât îmi putea șopti frica. Știam de-acum că Olga era ignorantă, că poate cancerul e într-adevăr rău, dar că mama e mai puternică decât el. Olga mințea mult, era o femeie care fura boabele pisicilor lui mamaie. Îmi spusese să nu le spun alor mei, dar evident că îi spusesem mamei. Doar nu era să fiu complicele unei babe-general care nu făcea decât să mă sperie spunându-mi că dacă beau Cola o să mor, că dacă mănânc pufuleți o să mor, că dacă mănânc orice o să mor, în timp ce profita de spaima mea ca să-mi fure dumicați din farfurie și să-i îndese în gura ei știrbă.

După primul drum la spital, tata nu m-a mai luat cu el. Cred că mama îi spusese să mă lase acasă, pentru că-s prea mică. Când tata intra pe ușă, săream pe el cu întrebări „*Ce face mama?*”, „*De ce nu m-ai luat cu tine?*”, „*Când vine acasă?*”, iar el îmi răspundea cu calm până când se enerva și atunci începea să bombăne niște cuvinte neinteligibile. Mă duceam în camera mea, îmi strângeam genunchii la piept și-mi imaginam că genunchii mei sunt mama. Mereu o iubisem pe ea cel mai mult. Era bucuria mea s-o văd, s-o miros, s-o privesc în hainele ei de birou, să mă ghemuiesc sub sânii ei mari, care mă mângâiau pe creștet când o luam în brațe. Dacă alte fetițe se îmbrăcau în hainele mamei, eu mă uitam la a mea de parcă era dintr-o revistă și n-aș fi făcut niciodată asta. Purta culori aprinse, își contura ochii cu creion negru Ada (că doar nu știa nimeni că se numea dermatograf) și-și dădea foc la buze cu un ruj roșu. Mama nu era ștearsă. Mama era un personaj pentru care nu se inventase încă un aparat de fotografiat suficient de bun încât să-i surprindă culorile. Niciuna dintre mamele prietenelor mele nu arăta ca ea. Toate erau blonde, în timp ce părul mamei era roșu-închis. Niciuna dintre ele nu se machia ca mama, dar nu știam de ce. Ori nu se machiau deloc, ori își conturau ochii cu un creion verde, care se întindea mereu din cauza căldurii și se strecura în șanțurile de pe pleoape, făcându-le să arate de parcă plânseseră uitându-se la vreun episod din *Doctor Queen*. Până și în spital, înainte să o vedem, mama se machiase. Fără ruj roșu, dar cu creion negru la ochi.

Și într-o zi, tot de iarnă, tot urâtă, mama s-a întors acasă, s-a întors la mine. Era acasă și era bine. Nu spusese nimănui că este (sau mai bine zis că fusese) bolnavă. Nici măcar soră-mii, Andreea, care a aflat după câțiva ani. Nu îi spusese nici măcar lui mamaie de la Băneasa (mama ei), pe care nu voia să o îngrijoreze. Oricum nu mai conta. Scăpase. Totul era bine. Nu putea să ridice greutăți și uneori o durea operația. Se lăsase de fumat. Dar fiindcă ea n-avea stare, iar noi, ca familie, n-aveam bani, după trei luni s-a întors la muncă. Lucra pentru niște oameni pe care n-am știut niciodată dacă ar trebui să-i apreciez sau nu, fiindcă o munceau pe mama întruna. Deși se lăsase de fumat, stresul de la birou a făcut-o să se reapuce, spre disperarea mea, care-i aruncam țigările pe geam în timp ce-i azvârleam și ei tot felul de răutăți de copil care voia să știe că părinții lui vor trăi o veșnicie. Refuzam să mă duc la magazin după ele. I le rupeam în față într-o frondă tâmpită și nu-i vorbeam cu zilele, până când mi se făcea dor de ea și mă-ntorceam la ea așa cum te-ntorci la refugiu în mijlocul furtunii de zăpadă. Nu îi mai simțeam decât un sân pe creștet și tot timpul îmi spunea să am grijă să n-o lovesc, să nu mă smucesc.

Devenise un fel de bibelou, dar muncea la fel de mult ca înainte, ca nouă să nu ne lipsească nimic. Însă ne lipsea ea. Poate că asta nu a înțeles niciodată. Că era o zeitate de apartament, regina noastră de la etajul șapte. Fără să-i spunem, gravitam cu toții în jurul ei, până și soră-mea, un satelit care locuia în Canada. Ea a insistat să se descurce cu toate, fără să ne spună ce trăia și fără să ne lase prea mult înăuntru. Așa se obișnuise, să își care propriile greutăți și să nu le pună pe umerii celorlalți. O făcuse toată viața. Dacă tot duci bolovanul ăla, presupun că la un moment dat te obișnuiești, cum te obișnuiești cu toate.

O singură dată am văzut-o posomorâtă. Când mergea la radiații (sau citostatice, nu mi-e clar) și îi căzuse părul. Coama ei deasă, scurtă, se transformase într-un fel de puf. Nu chelise de tot. I se întrezărea pielea capului, ceea ce o făcea să se simtă goală. Trebuia să își schimbe buletinul, iar la secție au fotografiat-o așa, cu părul rar. O amintire pentru următorii zece ani pe care n-avea nevoie să o revadă de fiecare dată când depunea bani la bancă în numele firmei la care lucra. Îi era rușine cu ea însăși așa, de parcă cancerul era ceva de care să îi fie rușine. Era contabil-șef, trebuia să arate impecabil mereu. Era greu să fii femeie. Era și mai greu să fii femeie și să fii luată în serios. Mă gândesc la cum a fost nevoită să-și redefinească propria feminitate, la ce a simțit când a rămas cu un singur sân și la cât de insensibil e statul la dramele noastre personale. Suntem certificate de naștere și de deces, iar între astea două suntem contribuabili și atât. I-am zis că pentru mine e frumoasă oricum, a fost mereu și încă mai e. Nu pentru cum arăta, ci pentru ceea ce ne făcea pe toți să simțim. Lângă mama, toate problemele se așezau și se atenuau. Ea le rezolva cu aceeași ușurință cu care împerechezi șosetele după ce s-au uscat pe sârmă. Doar că le împerechea cu soluții. Un băiat care nu mă plăcea? *„Ia mai dă-l în mă-sa"*, zicea ea. Un băiat care mă trăgea de codițe? *„Așa-s, băieții, mamă, învață să-ți spună ce simt abia la 30 de ani, asta dacă se întâmplă și atunci; e aproape o minune."* Nu o vedeam niciodată citind și totuși, chiar și când îmi exersez memoria, parcă tot ce zicea mama suna a proverb. Cuvintele s-au așternut la mine în cap. Uneori iau globul ăsta de cristal și-l zgâlțâi, când vreau să mi le amintesc.

Ce am mai simțit, chiar dacă aveam doar nouă-zece ani, a fost felul în care mama s-a închis ca un magazin care dă faliment pe neașteptate. Azi e, mâine nu mai e. Ferestrele sunt ferecate și vânzătoarea ta preferată s-a mutat din oraș. Așa se mutase mama din ea însăși peste noapte. Se străduise mereu să ne facă să ne iubim corpurile mergând goală prin casă, vorbindu-ne deschis despre floci și țâțe ca să ne arate că nu există cuvinte vulgare când te referi la corpul tău, spunându-ne că nu e nicio rușine să ne vedem așa cum suntem și că oricum am fi e minunat. Mama iubea femeile și mamei i se părea minunat că e femeie. Vara, acasă, stătea doar în fustă, fără sutien și fără chiloți. Trăgea fusta până deasupra sânilor și stătea așa în timp ce ne gătea, în timp ce făcea curat sau în timp ce dansa cu tata pe Gipsy Kings în sufragerie. Mama știa că forța ei depășește moliciunea tatei, un bâlbâit simpatic pe care prietenele mele nu-l înțelegeau. Uneori mesteca toate cuvintele până când se transformau în pastă, dar nouă ni se părea ușor să-l înțelegem, pentru că așa ne vorbise mereu. Îl iubea așa cum iubești o parte din tine care nu există și pe care ai întâlnit-o în celălalt, chiar dacă tata o dezamăgea cu distanța dintre tălpile lui și Pământ.

După ce s-a întors din spital, mama nu a mai stat goală în fața noastră, nu a mai purtat costume de baie, fuste peste sâni și nu a mai discutat despre goliciunea ei, ci doar despre a mea. Mă certa când mă ascundeam de ea, spunându-mi că nu am cum să ascund ceva ce ea cunoștea prea bine – corpul meu, desprins din ea ca o nouă formă geometrică. Ce ciudat e momentul ăsta. Le aparții cu totul părinților tăi până când începi să dorești să-ți aparții și ție și începi să te acoperi, să te ascunzi, să ai secretele tale și viața ta paralelă cu ce se întâmplă acasă, unde încerci să fii același copil din poza de la patru ani. Când mergeam la mare, mama insista să nu port sutienul costumului de baie, iar eu voiam să-l port, fiindcă nu voiam să vadă toată plaja cele două butoane pe care le aveam acum pe piept. Ea venea îmbrăcată, se așeza la umbră și se dădea cu cremă de protecție solară. Mama, cândva copilul mării, căuta peticele de umbră în care să se așeze și ne privea pe noi cum încercam să ne bucurăm, șchiopi fără ea, de ceva ce ne aparținuse tuturor.

Știu cât de fericită a fost când am ajuns la soră-mea în Canada în 2005, al doilea drum cu avionul pe care l-am făcut împreună. Îi spusesem Andreei că mama trecuse prin operație și boală, pentru că nu am înțeles niciodată dorința ei de a ascunde lucruri care nu ar fi trebuit ascunse. Era treaba noastră cum așezam în viețile noastre diagnosticul ei și ceea ce se întâmplase, nu a ei. Nu poți să ferești oamenii de viață. În Canada, dincolo de sutele de poze pe care le-am făcut și de cele opt kilograme care s-au așezat pe noi fiindcă mâncam *pecan pie* și burgeri și mâncare chinezească, mama a ajuns, după un research făcut de Andreea, la o doamnă care avea un ONG pentru victime ale cancerului mamar. În România nu exista așa ceva. I-a făcut cadou o proteză de sân, o bucată de silicon pe care o putea băga într-un sutien special, ca să nu se cunoască diferența dintre sânii ei. Cred că atunci, la șase ani de la operație, mama a reușit să se simtă în sfârșit mai confortabil cu acest nou capitol din viața ei – își îndesase ciorapi, dresuri, vată și ce mai găsea în sutien, ca să nu observe nimeni că se operase, până când a primit proteza. Avea sânii mari, s-ar fi văzut dacă nu făcea asta.

Nu purta proteza mamară mereu, fiindcă era grea și spatele o durea din cauza ei. Dar o purta la serviciu sau când ieșea în lume. Știu că pentru ea proteza aia mamară era mai importantă decât o coroană. Redevii regină când îți recapeți demnitatea, nu coroana. Ceva s-a schimbat în mama de atunci, ceva se schimbase în bine. Cancerul se făcuse mic de tot, ca o umbră pe care o feliază soarele până când rămân doar firimiturile.

Războaie

Ca să prinzi gustul războiului, începi cu dispute mici. De regulă, trebuie să le câştigi – nimeni nu iubeşte războaiele când se gândeşte că le va pierde. Oricum, cred că oamenilor nu le place atât de mult războiul pe cât le place posibilitatea (sau mai bine zis certitudinea) că îl pot câştiga. Mama a început cu războaie în grădină, sub piersic, când îi zicea lui tanti Rica (sora ei de la Constanţa) că are *„ochi de broscoi"*. Porecla asta, care ţintea, evident, faptul că Rica avea ochii verzi, în timp ce mama îi avea negri, devenea *casus belli* şi cele două sfrijite începeau să se bată. Mama o bătea mereu pe tanti Rica, iar tanti Rica n-a uitat niciunul dintre războaiele anilor 1959-1960, 1963-1964 şi tot aşa, până când a plecat de-acasă. Declaraţiile de război au fost multe: mama găsea porecle pentru Ricuţa şi Ricuţa se enerva, ceea ce o făcea pe mama să o atace în continuare.

Mama nu şi-a vorbit niciodată corpul de rău, nu a înstrăinat, renegat sau repudiat nicio parte din el. Nu putea să schimbe nimic la ea însăşi decât felul în care gândeşte, aşa că a ales să se iubească aşa cum e, *cum a lăsat-o Dumnezeu pe pământ*. Nu zicea niciodată nimic despre cum îi stă părul, nu se plângea că e neepilată, că s-a îngrăşat, că o enervează sânii ei, că transpiră de la sutien.

De fiecare dată când mă vedea criticând o nouă parte din mine, își dădea ochii peste cap atât de tare încât aproape că îi auzeam scârțâind, apoi mă ataca cu tot felul de complimente care se încheiau cu *„nu fi tâmpițică, te roagă mama, ești perfectă așa cum ești”*. Dar pentru că tot ea zicea că *„până și cioara își vede puiul frumos”*, mă gândeam că poate suntem două ciori – că eu o văd pe ea frumoasă fiindcă e mama, iar ea mă vedea pe mine frumoasă fiindcă eram copilul ei. Însă n-am simțit niciodată iubirea pentru mama ca pe o obligație. Și, oricum, ciorile sunt niște păsări superinteligente.

Tachinările cu tanti Rica au fost primele războaie pe care le-a câștigat. Au urmat războaiele de la școală. Mama era un copil deștept, curios și rapid. Scundă și slăbănoagă, ca o șopârliță. Așa mi-o imaginez. Una dintre prietenele ei din copilărie a fost Marcela, care mi-a scris acum câteva luni din senin și mi-a povestit despre mama lucruri pe care ea nu mi le-a zis niciodată. Marcela venise dintr-un sat mai mic decât Băneasa acasă la mamaie și tataie, unde stătea în gazdă. S-a împrietenit repede cu mama. Și la fel de repede, am simțit eu din ce mi-a povestit, a înțeles că mama era deșteaptă. Avansa repede – se pricepea și la scris, și la matematică, și la citit. Mama o mai ajuta pe Marcela, care, venind de la o școală mai slabă, rămăsese în urmă la învățătură. Tataie venea acasă matrafoxat și se apuca să le bată pe mamaia, pe tanti Rica, pe mama. Aud scuzele în mintea mea (*„Așa era atunci”*) și mă bucur că vremurile alea au trecut și duse au rămas. Cred că avem dreptul de a sancționa comportamentele oamenilor, chiar dacă ei nu mai sunt. *„Eh, maică, așa sunt bărbații. Ca femeie, taci și înduri.”* Nu. Ca femeie, spun clar și răspicat ce gândesc. Nu îndur nimic, nu sunt Maria Magdalena și nici nu mă interesează smerenia, ci dreptatea. Mama m-a învățat asta. Poate că a tras concluzia asta după toate cuvintele pe care a trebuit să și le înghită și după toate părerile pe care a trebuit să le țină pentru ea ca să nu deranjeze, ca să nu incomodeze. Cel mai rău lucru care ți se poate întâmpla când spui ce gândești e să nu te placă ceilalți. Dacă nu te plac ceilalți, se găsesc întotdeauna alții să te placă. Atunci erai liber, dar liber să gândești cum voia altcineva: regimul, tovarășa profesoară, vecinii, *gura lumii,* vremurile etc.

A urmat școala, a doua serie de războaie a mamei. Acolo putea să spună ce crede, chiar dacă uneori învățătoarea o lovea cu rigla de lemn peste degete sau o punea să stea la colț pe coji de nuci. Tataie nu o lăsa să iasă cu băieți și așa a început mama să se furișeze când a crescut. Marcela știa toate lucrurile astea și o acoperea, pentru că mergea la film cu mama și cu prietenul ei de atunci, unde plăteau intrarea cu ouă, fiindcă n-aveau bani de buzunar. Într-o fotografie cu ea de la 17 ani, mama stătea în centrul unui grup de elevi plecați în excursie, în brațele lui, zâmbind cât o țineau obrajii. Avea pomeții sculptați, arătau ca rocile din Canaraua Fetii, pădurea de lângă Băneasa care a fost cândva o parte din ocean. Când băiatul ăsta a început să fie gelos, mama s-a despărțit de el. Cred că și ăsta a fost un război. Într-o vreme în care femeile trebuiau să tacă și să îndure, mama l-a trimis pe băiatul ăsta în pizda mă-sii și a venit la București, hotărâtă să cucerească orașul ăsta spart în sectoare cu pasul ei mic de furnică.

Toată viața ei a fost o luptă pentru care s-a mobilizat de mică. Uneori mă surprindea să o aud vorbind de parcă urma să scoată sabia din teacă, gata să taie și să sfârtece – morcovi, cartofi și ce mai era nevoie pentru ciorbițe și tocănițe. Când se însuflețea, ar fi speriat munții din calea ei. Sau i-ar fi prăbușit, dinamitându-i cu umor și cu stilul ei spontan de a începe să danseze, să cânte și să se comporte ca un copil. Nu știai niciodată la ce să te aștepți – mama mă prindea în ambuscade de gâdilat, de pupat, de râs, mă ataca pe toate flancurile și mă mușca, își punea toate trupele de iubit pe mine și eu nu puteam să scap de iubirea ei care tot năvălea, dar nici n-aș fi vrut. Îmi plăcea mult, chiar dacă îi spuneam că vreau să scap și să mă lase-n pace.

S-a luptat și cu mamaie de la București, mama lui tata. Ar fi putut să nu fie povestea clasică dintre noră și soacră, dar a fost. Mamaie o credea pe mama o țărancă și o enerva că nu-l ținea pe tata în puf, deși, sinceră să fiu, tata a fost ținut mereu în puf. Nu conta că mama muncea de rupea, că făcea ture interminabile la Mecanică Fină, că venea acasă târziu, după zile întregi pe terenul minat al câmpului muncii. Mama nu avea de gând să țină în puf un bărbat cu trei ani mai mare decât ea, pentru că oricum nu știa ce-i puful. Viața e indulgentă cu unii și exigentă cu alții, iar cu mama a fost exigentă. Viața a cerut și mama a dat. S-a războit și cu bunică-mea, dar a fost un război rece, mereu pe punctul de a izbucni și niciodată izbucnind: erau prea elegante amândouă ca să se certe, deși știu că dacă ar fi vrut ar fi putut. Mama i-ar fi pus sare în loc de zahăr lui mamaie în pandișpan, iar mamaie i-ar fi pus mamei sare în loc de zahăr în cafea. Le-am făcut-o eu amândurora fără să-mi dau seama și a fost amuzant, fiindcă erau prea doamne ca să scuipe cafeaua. Au înghițit-o pur și simplu, s-au schimonosit și apoi au aruncat cafelele la flori. Poate d-asta creșteau atât de vioaie florile din grădina lui mamaie.

Dacă pentru unele familii căderea comunismului a însemnat încetarea războiului cu trecutul, la noi de-abia atunci a început haosul. Casa în care stătea mamaie fusese naționalizată, așa că ai mei au început să caute acte ca să dea afară chiriașii cu care eram căsătoriți fără voia noastră. Curtea se împărțea la jumătate printr-un gard de sârmă. Ei vedeau ce facem noi și noi vedeam ce fac ei și n-aveam voie să culegem caisele din propriul copac, pentru că era în partea lor de curte. Deși era casa din partea de familie a tatei, din cauză că el n-ar fi în stare să se războiască cu nimeni, mamei i-a revenit sarcina de o a recupera. Casa a fost al treilea copil al familiei noastre, a cărui naștere a durat nouă ani, din 1990 și până în 1999. Mama muncea ca nebuna ca să facă rost de bani pentru avocați. Timp de șase ani a pompat bani într-o avocată în vârstă, care o umilea punând-o să vină să îi facă de mâncare, să-i aranjeze castraveții în borcane și să toarne saramură peste ei, să îi facă dulcețuri și curat în casă. Mergea la ea și făcea toate astea pentru ca noi să recuperăm casa aia și să ne mutăm toți acolo cu mamaie, care îmbătrânea. Știu că exista în ea dorința de a sta la curte, de a umbla desculță prin iarbă, de a lucra cu pământul de care îi era dor. Prin 1996 a descoperit că avocata nu făcuse nimic din tot ce îi zisese, pentru că-i convenea să aibă femeie în casă și să primească bani fără să facă nimic. Mama a renunțat la ea, a găsit doi avocați tineri și, în 1999, casa care nu ne mai aparținuse din 1948 era din nou a noastră, 51 de ani mai târziu. În perioada aia mi-am petrecut vacanțele de vară cu mamaie, pentru ca mama să-i facă ordine în casă avocatei și să se ocupe de ea ca de un copil. Stăteam în Dămăroaia și în weekend de-abia așteptam să vină odată mama. Îi recunoșteam pașii pe asfalt, știam că e ea după felul în care călca, după zgomotul precis pe care îl făceau tocurile ei. O așteptam la poartă așa cum un cățel își așteaptă stăpânul. Mi-a fost dor de mama și când o aveam, și când nu am mai avut-o. Nu știam că ăsta e numele pe care îl purta nerăbdarea de a o vedea și de a mă băga în sufletul ei. Mi-ar fi plăcut să mă pot ascunde în ea ca să fim o singură ființă – asta ar fi însemnat că nu mai avea cum să mă lase în urmă la mamaie, ar fi însemnat că puteam să merg cu ea oriunde, să văd ce face, cum vorbește, ce spune și ce simte.

Prin 1994, după patru ani în care se aflaseră cu mult mai multe despre comunism, mama s-a hotărât să facă ceva în privința lui Iliescu. A luat-o pe Didi, prietena ei, i-au cumpărat cartea și s-au dus să ia autograf doar pentru ca mama să-i „*mulțumească*" lui Iliescu pentru tot ce ne-a făcut după 1990. Omul ăsta nu preluase țara ca să o ajute să răzbată, ci ca să prelungească starea de confuzie în care se afla toată lumea, chiar și noi. Nu voia să rezolve nimic, voia doar să amâne lucrurile până în punctul în care îți spui „*Nimic n-o să se schimbe niciodată*" și te dai bătut. Mama a luat bătaie, dar nu s-a dat niciodată bătută. După ce a luat autograful pe cartea scrisă de el, l-a înjurat pe Iliescu cu duioșie, șoptindu-i cuvintele la ureche, ca pe un secret știut doar de ei doi. Cartea lui Iliescu a pornit focul din sobă după ce ne-am mutat în Dămăroaia și ne-a ținut de cald o noapte; ea mi-a spus ce făcuse și mie mi s-a părut tare. Se comportase ca o adolescentă rebelă, mai curajoasă decât credeam că e. Nu se temea de oameni mai mari decât ea, de oameni mai importanți decât ea, mai influenți decât ea. Știa că cel mai înalt om din lume poate fi cumplit de deranjat de o pietricică în pantof și că, în lipsă de alte arme, poți face măcar asta: să-i enervezi pe oameni cu tupeul de a cere ce-ți aparține. Mama credea în dreptate, chiar dacă divinitatea trebuia să intervină ca să o facă să se împlinească.

În 1999, după toți anii în care se luptase pentru casă, mama a început lupta cu cancerul la sân. De-abia apucase să respire ușurată, să guste din rezultatul a nouă ani de mers prin tribunale, de înfățișări și acte transmise între avocați – pentru că Baba, chiriașa din Dămăroaia, nu s-a lăsat cu una, cu două –, când o durere suspectă a dus-o la o mamografie, apoi la doctor, apoi pe masa de operație, apoi înapoi acasă. Ca să nu mă sperie și cu speranța că poate încă n-am să mă uit atent în ochii morții, mama nu mi-a zis mare lucru. Nu a lăsat să se vadă dacă e speriată, dacă o doare. Nu știu ce a fost în sufletul ei pentru că lupta, care fusese mereu exterioară și niciodată între noi, s-a mutat după zidurile pe care le-a construit în jurul ei atunci și n-am putut vedea mai departe de ce ne arăta ea. Ce vedeam era că, indiferent ce ar fi urmat, noi eram o familie care a trecut prin momente mai grele. O parte din noi a știut că mama ne minte sau că, dacă nu ne minte, ne spune ce avem nevoie să auzim ca să putem continua să trăim. Însă teama se târăște înapoi ca un vierme, oricât te-ai strădui să o alungi.

Umbra bolii n-a ocupat mult spațiu în casa noastră. Am trăit în pofida ei, făcându-i în ciudă, gata să râdem, să chiuim și să dansăm de parcă era ultima noastră zi împreună. Aveam nouă ani. Ronțăiam carnea de pe zile, de pe toate zilele, până când din ele n-a rămas decât o grămăjoară de oase.

Vrăjitorii

Mă uitam cum făcea mama curat. Mă interesa cel mai mult momentul în care dădea cu mătura. O pândeam de după tocul ușii, convinsă că la un moment dat se va urca pe ea și va decola. Îndeplinea toate condițiile pentru a fi vrăjitoare. Ne făcea tot felul de ceaiuri din coada-șoricelului, codițe de cireșe, pelin și altele, știind exact la ce ne ajuta fiecare. Îmi învelea gleznele în foi de ceapă dacă le scrânteam, îmi scufunda degetele tăiate și julite în propriul pipi și zicea că pipiul de copil e cel mai bun dezinfectant, ceea ce era cel puțin ciudat. Pregătea săculețe cu sare grunjoasă pe care le încălzea și mi le punea pe piept când eram răcită, asta dacă nu mă punea să beau un sirop oribil, din ridiche neagră, pentru tuse. Tot ce durea trecea ca prin minune.

Mă descânta de deochi dacă mă durea capul, spunându-mi *Tatăl nostru* și mai laicul „*Cin' te-o descânta pe tine,/Să mă pupe-n cur pe mine,/Tu pe el și el pe tine,/Amândoi în cur pe mine*". Știa dacă am fost deocheată în funcție de cum i se împleticea limba când zicea rugăciunea. Deochiul trecea și eu știam că mama făcuse o vrajă de-ale ei. Avea o legătură aparte cu invizibilul. Învinsese moartea prima oară când mergea pe culoarul de lumină către tataie și o făcuse pentru că eu o strigasem. Pentru mine, asta e dovada că iubirea e mai puternică decât moartea. Când iubești, moartea nu îți poate lua nimic, doar face vizibilul invizibil. Mi-a explicat când am putut înțelege ce se întâmplase atunci: era convinsă că a fost în moarte clinică preț de câteva secunde. Mi-a zis că moartea nu doare, ci că aduce cu somnul ăla care te fură când ești foarte obosit, care te-nvăluie în căldura lui și te strecoară afară din realitate pe ușa din spate. Avea și mama fricile ei, dar moartea nu era printre ele. Viața o preocupa mai mult.

Vorbea despre zodii de parcă nu ar fi fost de pe Pământ, ci de pe Marte. Cel mai mult o bucura că e Berbec, i se părea că e o zodie puternică. Se bucura că și eu sunt Berbec, nu vreo zodie plângăcioasă. Mă smiorcăiam și eu, dar mă și luptam pentru ce voiam și asta i-a plăcut întotdeauna mamei să vadă la oameni. Că pot fi zdraveni, nu doar niște mămăligi cu prea multă apă și prea puțin mălai. Când se certa cu tata îi spunea că e un Vărsător căpcăun, când se certa cu mamaie îi spunea că e un Vărsător încăpățânat. Iubea toate zodiile, oricum. Citea horoscopul spunându-mi că e o prostie, că e o invenție, dar că astronomia e altceva. Putea să se piardă în cerul din Dobrogea și să-ți arate nu doar unde e Ursa Mare, că asta știm toți, ci alte constelații mai complexe. Pentru mine arătau toate la fel, dar mamei cerul îi spunea alte lucruri, pe care, oricât mi le-ar fi șoptit, nu le-aș fi înțeles.

Când eram la Băneasa, mama dădea frâu liber povestitorului din ea. Ne povestea despre iele; cred că am auzit povestea aia, eu și verișoară-mea Cristiana, de zeci de ori. De fiecare dată stăteam cu sufletul la gură și așteptam intriga și de fiecare dată intriga era cumplit de înfricoșătoare, fiindcă părea că o să ni se întâmple chiar în noaptea aia: ielele veneau, băteau la geam, te strigau pe nume și, dacă le răspundeai, îți scoteau ochii și îți furau sufletul. Poate că mama era una dintre iele. Mi-a scos ochii pentru că eram dezordonată și mi-a furat sufletul când și-a luat zborul. Doar asta a luat cu ea în lumea cealaltă, cioburi din noi. Ca să-și facă un glob de cristal și să vadă ce lucruri mai învârtim pe-aici. Numai prostii, evident. Vorbea despre oameni și despre dorința lor imbecilă de a avea, în loc de a fi, și zicea: *„Mori și iei cu tine patru scânduri. De ce își doresc unii să aibă, să aibă, să aibă și nu se mai opresc? Important e să ai cât să o duci bine, nu așa, ca haplea, să nu te mai oprești"*. Chiar cred că întrebarea asta n-a primit niciodată răspuns în mintea mamei, dar eu i-aș răspunde acum și i-aș zice că așa-s oamenii, proști.

Pe prispa din Băneasa, mama ne spunea și alte povești. Ne mai povestea despre spiritul de Miazănoapte, cu care tataia Vasile s-a întâlnit pe câmp, un spirit bun, care l-a rugat pe tataia să-i arate drumul și, când tataie l-a ajutat, l-a lăsat în pace și i-a dat o recoltă bogată în anul ăla. Ne mai spunea și că un vecin care aducea făină de la moară e Maceacu' (nu știu dacă așa îl chema pe bietu' om sau dacă așa îi spusese ea) și că, dacă nu mâncăm tot, ne mănâncă el pe noi. Stăteam cu Cristiana la mamaie în curte și ne-ndesam dumicați în gură ca să nu ne mănânce Maceacu', un bărbat cocoșat și urât, de care noi ne temeam. De fapt era un om amuzant și blând, dar noi am aflat asta când am mai crescut și ne-am dat seama că mama făcuse una din vrăjile ei: mâncam ca prin magie, noi două, care strâmbam din nas la orice. Povestea despre iele pentru că erau răul căruia nu trebuia să îi răspundem și despre Miazănoapte pentru că era binele pe care, dacă îl făceam lumii, se întorcea la noi înzecit. Ne mai povestea și despre farmece, despre cum își dă întâlnire mercurul viu din cei fermecați la răscruci și cum, pe vremuri, babele din Băneasa sacrificau găini când făceau vrăji. Speriate de bombe, mergeam și ne culcam, ca să nu murim de frică. Copii cuminți.

Interpreta și vise. Când îi povesteam ce am visat, ne spunea ce simbolizează fiecare apariție de peste noapte. Am aflat ce înseamnă șerpii, ce reprezintă câinii, ce sunt casele dărăpănate și castelele. Dacă visam urât, mama îngâna un „*Cu noaptea a venit, cu noapte să se ducă*", iar autoritatea ei punea la colț coșmarurile și noi uitam de ele. Avea putere asupra acestei lumi, o lume doar a ei, o lume care pe noi ne speria când ne arăta dinții ei, dinți care ne cădeau din gură în vise. Ea găsea energie cât să trăiască alături de noi, dar și în lumea asta, despre care ne povestea și de care ne și apăra. Mi-a dat-o cu țârâita, cum obișnuiești copiii cu altă hrană decât laptele matern, până când am putut să o diger și a început să mă fascineze și pe mine.

Când am crescut, am văzut că mama avea o putere supranaturală de a descoperi lucrurile pe care le ascundeam de ea. Descoperea chiar și lucrurile pe care le ascundeam de mine însămi. Ce nu știu ceilalți despre mine și nu știu nici eu despre mine, într-o fereastră Johari*, în locul acela ar trebui să scrie „MAMA", nu necunoscutul. După ce am fumat prima oară și îmi dădusem cu spray în gură ca să nu se simtă, mama s-a uitat în ochii mei și mi-a luat mâinile la pupat. Mâinile mele miroseau a tutun, în timp ce gura îmi mirosea a Impulse. De atunci, când am mai fumat, m-am dat cu cremă de mâini, deși știam că și dacă miroseam a ylang-ylang, tot prost ales era momentul în care o făceam, momentul dinainte de a mă întoarce acasă.

* *Fereastra Johari* este un instrument utilizat în psihologie pentru a înțelege mai bine relația pe care o ai cu tine însuți și cu ceilalți (n.r.).

„O mamă simte", îmi zicea când intra peste mine în cameră și aștepta să îi spun ce am și eu nu înțelegeam cum a reușit să-mi vadă fața și ochii. Aveam grijă să intru în casă tiptil, să mimez fericirea cum mă pricepeam mai bine și să fug la mine în cameră, dar mama se prindea, mirosea orice ezitare, citea limbajul corpului meu. Se înființa lângă mine. Uneori o țineam pe a mea, îi ziceam că nu am nimic, iar alteori prezența ei generoasă mă făcea să-i arunc în brațe pietrele pe care le aveam pe inimă. Ea le lua și le arunca mai departe. Mă oblojea și-mi dădea sfaturi în dragoste sau mă certa când refuzam să văd ceva evident. Asta o enerva cel mai tare: să aleg, dintre toți oamenii, să mă mint tocmai pe mine. Să-mi fac un rău mare pentru că mi-era teamă de răul mic care urma după vreo decizie prea brutală, cum ar fi o despărțire de un băiat care simțea nevoia să-i arate cât de cocoș e tocmai mamei fetei pe care se presupunea că cel puțin o place.

Știa că urmează să o mint dinainte să deschid gura. Mă duceam să exersez în oglindă. Eram convingătoare. Îi spuneam că merg să dorm la o prietenă când mergeam de fapt la o petrecere. Nu mă bâlbâiam, vocea nu mi se pițigăia, mâinile nu îmi transpirau. Aș fi putut să dau la actorie la cât repetam ca să-i livrez mamei minciuna. Și totuși mama știa. Nu am reușit niciodată să-mi dau seama dacă mă dădea de gol entuziasmul sau dacă simțea ea ceva. Mai umilitor era că, știind că mergeam la o petrecere, îmi dădea voie și-mi zicea doar să am grijă, ceea ce făcea ca minciuna mea să fie și mai stupidă. Încercam să o mint doar ca să văd că pot s-o fac dacă vreau. Dar oricât am vrut, mama nu m-a lăsat. M-ar fi lăsat să fac orice, dar nu voia să rătăcesc adevărul. Se temea că, dacă-l rătăcesc, la un moment dat s-ar putea să nu-l mai găsesc niciodată. Făcea asta cu toți oamenii, indiferent de vârstă, de cine erau. Sunt mulți cei care voiau să calce strâmb și pe care mama i-a împiedicat, ca un prag invizibil și puternic în calea propriei lor prostii. Sunt relații care nu au început fiindcă mama a vorbit cu una dintre părțile implicate și i-a zis în ce urma să se bage. Oamenii erau orbiți de emoții; mama privea emoțiile cu detașare și le așeza în sertarele în care căpătau sens. Puteai să faci orice prostie voiai, dar ea considera că era de datoria ei să te informeze cu privire la consecințele pe care, orbit de ce simțeai, le lăsai deoparte. Când vedeau adevărul, așa cum îl expunea mama, gol-goluț, oamenii se opreau. Mama a oprit-o până și pe cea mai bună prietenă a Andreei să facă o prostie cu un băiat. Am auzit despre momentul ăsta: a chemat-o în bucătărie, i-a zis ceva, iar ea s-a întors în curtea noastră, fără să spună ce i-a zis mama, și a revenit de pe muchia prostiei la realitate. Numai adevărul are puterea asta de a striga oameni pe nume și de a-i recupera din mijlocul furtunilor în care se zbat. Iar mama... mama era căpitan pe vasul ăsta.

Cel mai important dar al mamei a fost că citea oamenii ca pe niște cărți deschise. Oamenii aveau impresia despre ei că-s hieroglife, din dorința lor de a fi diferiți sau speciali, dar mama știa că suntem făcuți toți din același aluat. Îi citea ca pe cele mai banale propoziții, cu tot cu greșelile lor gramaticale – după cum erau, nu după cum scriau sau cum vorbeau. Îi prindea pe cei de la firma ei cu minciunile spânzurate prin colțurile gurii și îi certa, fiindcă erau inconștienți. Folosea cuvântul ăsta des când vorbea despre oameni care vor să facă o nefăcută – nu era neapărat vina lor, dar nici nu-i absolvea întru totul. Dumnezeu le lua mințile și ea funcționa ca Robin Hood, plesnindu-i cu propria lor minte peste față, gata să-i rupă în bucăți dacă mai continuau cu prefăcătoria. Șefii ei erau inconștienți, pentru că dreptul de semnătură pe acte era al ei. Avea acasă un soț și doi copii și nimic din lumea asta, nici măcar salariul ăla baban pentru anii '90, nu ar fi făcut-o să pună în pericol ce avea acasă. Le-a zis-o în repetate rânduri și i-a obligat să-și plătească taxele la stat corect – oricum o duceau bine. Mama cunoștea firma mai bine decât ei, așa că nu au dat-o niciodată afară. S-au temut de ea și au iubit-o și mai mult, apreciind că avea spirit de justițiar și că nu se temea să rămână fără job. Au chemat-o la toate nunțile lor, îmi făceau cadouri de Crăciun și când mama mă aducea cu ea la birou, mă lăsau la computerele lor. Ne dădeau hainele copiilor lor când le rămâneau mici. O învoiau pe mama la serbările mele și au avut încredere în ea să aleagă alți oameni în echipa lor. Ea conducea interviurile, nu ei.

Mă obliga să fiu sinceră cu mine și s-a luptat să nu-mi doresc să par ceea ce nu sunt. Eu voiam foarte tare să par orice, mai puțin ceea ce eram. Voiam o cameră mobilată ca în Cribz, voiam să am adidași de firmă, voiam să am haine de firmă. Mă rog, idealul era să fiu îmbrăcată toată în haine de la Nike, ăsta fiind brandul pe care îl iubeam cu toată ființa mea. Eu îi povesteam cum mă interesează ca băieții pe care-i plac să aibă încălțăminte frumoasă, iar ea îmi spunea că nu asta contează la oameni, ci ce vorbesc, cum se poartă și cum îi fac pe ceilalți să se simtă. Când am început să citesc cărți fandosite și să-i vorbesc despre ele de parcă ea nu citise o carte în viața ei, mi-a retezat-o scurt, fără drept de apel – *„Să nu uiți niciodată cine ți-a spus prima oară în viața asta ce carte să citești"*. M-am simțit prost, fiindcă avea dreptate. Îmi creasem această imagine despre mine – că sunt superinteligentă, că sunt cultă, că știu lucruri, dar renegasem poate cea mai importantă parte din asta, anume că eram un upgrade, că primul sistem de operare fusese ea și că cel mai *cool* în viața asta este să le mulțumești oamenilor care ți-au dat direcția. Ea nu-mi dăduse doar direcția, îmi dăduse tot ce ar fi fost omenește posibil să-mi dea. Îmi și spunea: *„Dacă ar trebui să mor eu ca să trăiești tu sau Andreea, aș face-o fără să mă gândesc de două ori. Sunteți cele mai importante din viața mea"*. Când m-am operat de apendicită, fiind cumplit de dramatică din cauza asta, i-am zis mamei că vreau ca ultima mea masă să fie piept de pui la grătar cu piure și salată, iar mama mi-a dat de mâncare și, în timp ce îmbucam, mi-a zis că dacă mai vorbesc prostii de genul ăstora, o să mă bată cu apendicul meu inflamat. A venit cu mine la spital, era acolo când asistenta a apărut și mi-a zis că mă duce să-mi arate un loc frumos. A auzit când i-am zis asistentei: *„Știu că mă duceți la operație. De asta sunt aici"*. A zâmbit și i-am văzut unica și inegalabila strungăreață, prin care nu se strecurau minciuni. Copilul ei învățase să-și spună adevărul și să nu se teamă de el. Nu m-am temut, m-am dus în sala de operație, am numărat de la 10 la 8, am adormit, am visat că mănânc cozonac și, când m-am trezit, mama era lângă mine. Îmi mângâia părul. În seara aia a dormit pe un scaun, lângă mine. Până a doua zi se împrietenise cu toți pacienții. În salon mai erau o fată blondă, despre care în delirurile mele de anestezie am zis că e un înger, și un domn în vârstă, cu trei copii. Era bunicul lor și îi avea în grijă pentru că fata lui murise. Erau foarte necăjiți. În toate zilele alea, când mama îmi aducea iaurt și sticksuri le lua și lor. Vorbea cu verișoara mea și îi zicea să facă supă, o oală mare, ca să le aducă și lor. A dormit lângă patul meu până când m-au externat. S-a simțit vinovată că mă lăsase să merg la medicul de familie când mă durea burta și că eram singură când am aflat că trebuie să mă duc la Spitalul Grigore Alexandrescu, să mă operez. La externarea mea din spital a făcut schimb de numere de telefon cu domnul în vârstă care avea trei copii și știu că a continuat să vorbească cu el chiar și după ce eu am uitat că am avut vreodată apendicită.

Mi-a citit și prietenii – acum vorbesc de băieți. Ăștia erau oricum nepracticanți, n-aveau de unde să știe că mama e o vrăjitoare, așa că se purtau cât puteau ei de bine și erau cât de atenți puteau fi. Mama trecea prin ei cu o rațiune rece, calculată, îi analiza la sânge și le dădea notă de trecere sau, dimpotrivă, îi pica fără să le dea dreptul la o sesiune de restanțe. Era ca un cuțit, când venea vorba de oameni. Îi tăia pe din două, pe din patru, îi felia ca pe niște torturi ca să vadă ce cremă era în aluatul ăla din care suntem făcuți toți. Aș putea zice că i-a nimerit, dar mi-e clar că n-a fost nimereală. I-a văzut așa cum erau chiar și când eu refuzam cu încăpățânare s-o fac, orbită de ce simțeam. *„Ești încăpățânată, mamă, și asta e bine. O să te ajute în viață. Dar nu e nevoie să fii atât de încăpățânată încât să fii proastă. Tu nu vezi că băiatul ăsta se poartă ca un cur cu tine?"*

Nu mă menaja. Îmi lua fața și o apropia de adevăr, așa cum iei un câine care a făcut în casă și-l apropii cu nasul de ce a făcut, ca să nu mai facă și a doua oară. Ne-a antrenat să ne spunem adevărurile, să vedem oamenii așa cum sunt, să nu îndulcim gustul amar al momentelor în care am ales să ne zicem ce voiam să auzim și apoi ne-am luat-o. Poate că ne-a pregătit să ne spunem nouă înșine tot ceea ce ea nu ne-a putut spune când n-a mai fost lângă noi. Eu și soră-mea am ajuns la rândul nostru să fim două vrăjitoare, să ne fie ușor să vedem intenția din spatele lingușelii, să nu batem la uși care nu se vor deschide niciodată, să ne înconjurăm de oameni pe care îi vrem la noi în cetate, oameni de care ne îndrăgostim nu pentru că sunt perfecți, ci tocmai pentru că sunt imperfecți, oameni care ne arată cicatricile lor, așa cum și noi putem să ni le arătăm pe ale noastre. Oameni care te fac să te simți ca acasă și oameni care nu vorbesc despre tine cât încă ți se mai simte parfumul în cameră. Mama ne-a învățat să iubim oamenii. Tot ea ne-a învățat să-i alegem. Mama cucerea. Pipăia cu buricele degetelor, găsea ușa zidită din fiecare om și o deschidea, iar ei o primeau înăuntru pentru că o recunoșteau, așa cum și mama recunoștea binele din ei.

Marea

Plecam în fiecare vară, negreșit, la mare. Făceam asta fiindcă eram norocoși – sora mamei, tanti Rica, fusese genul ăla de așchie care sărise departe de trunchi, dar nu chiar până în București. Rămăsese în Constanța, ceea ce însemna că verile ne duceam pe capul rudelor timp de o săptămână, hai poate două, timp în care le ocupam sufrageria și dormeam pe canapea sau pe jos. Știu că asta sună de parcă tanti Rica nu s-ar fi pregătit pentru venirea noastră, dar adevărul e că ne certam între noi care să doarmă pe jos, fiindcă era mai confortabil și mai răcoare. Mascam întotdeauna asta în altruism – *„Nu, te rog, dormi tu pe canapea. Ei, cum să dormi pe jos, e prea răcoare"*. Adevărul e că pe jos era cel mai bun loc și nouă oricum nu ne mai păsa de mărunțișurile de genul ăsta încă de când treceam de podul Saligny și mama îmi povestea despre brațul Borcea, acest braț rahitic despre care oamenii nu prea povesteau când vorbeau despre Dunăre.

Tanti Rica scotea artileria grea: veneau beizadelele de la București. În primul și în primul rând ne făcea saramură cu raci, racii fiind roșii uscate la soare. Ne făcea ciorbă de burtă și ostropel și nuci cu cremă. Scotea la înaintare cele mai bune sticle de vin și cele mai bune dulcețuri de prin cămara ei, o cămară care a continuat să mă îndulcească și în studenție. Ne făcea sărmăluțe în foi de viță și ne dădea roșii cu brânză, cele mai bune roșii din lume, zemoase, robuste. Le numea *„inimă de bou"*. Chiar și-acum, pierdută prin hipermarketuri care-mi oferă roșii cherry și prunișoare românești, le caut. Mi-e clar însă că gustul acelor roșii nu este ceva care se mai poate găsi în zilele noastre, a rămas acolo, în anii '90, unde au rămas multe bucăți din noi. Eram mai fericiți atunci, mereu atunci și parcă niciodată acum. Îmi plăcea supermult la Constanța. De-abia așteptam momentul în care ne urcam în tren și mama fuma pe culoar. Când fuma, tata fuma lângă ea. Erau amândoi tineri, strălucitori. Și erau ai mei. În Gara de Nord primeam mereu benzi desenate - plecam în vacanță și strânseseră bani pentru asta tot anul, așa că nu ne refuzam nimic. Stăteam cu picioarele lipite unul de celălalt pe scaunele jegoase de CFR și transpiram citind despre cei 101 dalmațieni.

Știam că am plecat cu adevărat din București când trenul zornăia pe podul Saligny și mama îmi povestea cât de vechi e și cât de aproape e de Negru Vodă, unde se născuse ea. Scoteam capul pe geam și ne uitam la Dunăre, iar mama îmi povestea ce le făcuse Ceaușescu oamenilor care au lucrat la canal și cum ar fi bine să apreciem libertatea și să trecem de la contemplație la acțiune - *„Acum suntem liberi să facem ceva. Atunci nu puteai să faci nimic."* Vorbea despre trecut și ochii i se adânceau ca marea. Erau atât de adânci încât nu mai ajungeam cu picioarele la nisip - limita mea dintotdeauna, impusă de ea, dar și de mine însămi. Dacă nu atingeam nisipul, mă cuprindea frica și începeam să dau ca nebuna din mâini. Nu puteam să ajung la ea când se încrâncena și simțeam că și-ar fi dorit să fi făcut mai mult decât făcuse - nu fusese UTC-istă, nu se înscrisese în partid, plecase din satul ei în anii '70, când era greu să pleci de acasă și dădeai ce știai pe necunoscut.

Mama și-o căutase cu lumânarea, căci își dorise să aibă probleme cu regimul, dar nu i s-a întâmplat niciodată nimic din cauza asta. Nu au băgat-o în seamă turnătorii. Făceai ce credeai că e mai bine pentru familia ta, așa că, dacă credeai că a vorbi despre dresul cumpărat de vecină te va ajuta să treci prin viață, n-aveai decât s-o faci. Mama nu avea dosar. Am mers la Arhivele Securității și l-am căutat, dar, pentru ei, ea n-a existat. Asta e povestea multor oameni de atunci. Ei nu au existat pentru Securitate, dar Securitatea a existat pentru ei.

Coboram din tren și, dacă nu venea nenea Fane, unchiu-meu, să ne ia de la gară cu Dacia lui găurită prin care se vedea asfaltul, luam un troleibuz. Eram încărcați cu bagaje și băgăjele, cum altfel?, fiindcă mama aducea cu ea cadouri – parfumuri, fuste, bluze, mici gablonzuri colorate. Nu-i plăceau mărgelele, așa că, dacă le primea cadou, le dădea mai departe. Era întruchiparea zicalei *„Dar din dar se face rai"*. Dădea tot. Mama nu se gândea niciodată la lucruri întrebându-se dacă le va purta peste doi ani. Se uita la lucruri și stabilea încă de când le avea în cutii că n-o vor face fericită, dar că ar putea să îi facă fericiți pe alții. Se gândea cui ce să-i ducă, ca să amplifice fericirea. Verișoarele mele, de aceeași vârstă cu mine, încă îmi mai trimit poze cu cercei pe care mamele lor i-au primit și pe care i-au purtat și ele. Le-a nimerit tuturor gusturile, pentru că se gândea mereu la cum sunt ele, ce le-ar face să arate bine și se străduia să le împingă către lucruri pe care nu le-ar fi crezut niciodată despre ele însele: că ar arăta bine în culori pestrițe, că le-ar sta bine cu cercei voluminoși sau cu mărgele mari la gât, că sunt frumoase, deștepte și merită mai mult decât ceea ce li se oferea. Într-o lume care nu voia să atragă atenția, într-o lume de o modestie falsă, mama le încuraja pe toate verișoarele ei să-și arate penajul. Verișoarele voiau să fie modeste, să nu le observe nimeni. Dar mama nu accepta asta, așa că le aducea cadouri colorate, pe care ele le purtau fiindcă erau de la Mimi, asta până când nu mai erau de la Mimi și deveneau parte din ele.

Casa lui tanti Rica avea un alt miros față de casa noastră. Era primul lucru pe care îl simțeam; așa știam că am ajuns la mare. Nu mergeam în vizite, mai des veneau oamenii la noi. Casa lui tanti Rica a fost prima pe care am mirosit-o după a noastră. A noastră n-avea miros, pentru că era a noastră. La ei mirosea a mare și a mâncare bună și a centrală termică, pentru că stăteau în cartierul CET și tot cartierul mirosea așa, a apă fierbinte, ca un abur. Ne pupam zgomotos și umed când intram și cel mai tare mă speria nenea Fane, pentru că m-au speriat întotdeauna oamenii care mă iubeau prea mult, iar el era unul dintre ei. Nu știa ce să-mi mai facă. Îmi cumpăra ouă Kinder și gumă de mestecat și mă lua în brațe și mă pupa. Avea mereu barba de lungimea aia enervantă care te face să te simți de parcă te-ai freca de covor și pielea mă durea, și era prea aproape, și lasă-măăăă, te rog, în pace. Mă întorceam la el când mai voiam gumă cu surprize, pentru că mama avea un moment în care îmi zicea *stop*, dar nenea Fane, niciodată. Nenea Fane își dorea să îl iubesc, iar eu știam asta și profitam. Eram copil.

La Constanța m-am căsătorit prima oară. Acolo am aflat și că nu ai voie să zici că te-ai însurat dacă ești fată, fiindcă avem cuvinte diferite pentru asta – fetele se mărită, băieții se însoară. M-am căsătorit cu Victor, un puști de șapte ani, cu doi ani mai mare decât mine. Am chemat toți copiii la nunta noastră și chiar au venit, îmbrăcați în cele mai frumoase haine de joacă pe care le aveau, cu frunze de pătlagină și flori jumulite de prin tufișuri. Era mai înalt decât mine și avea ochii verzi ca două pietricele chinezești cu care nu știam cum să mă joc. Avea față de șmecher, era slăbănog și pus pe șotii. Preot ne-a fost un prieten de-ai lui, care a compus o predică pe loc. Victor m-a luat în brațe și m-a trecut pragul și m-a lăsat pe partea cealaltă a scării de bloc. M-am uitat la el. Îi era la fel de frică pe cât îmi era și mie. Am râs tare amândoi, doi copii care deciseseră să își unească destinele în fața unui Dumnezeu transpirat de cât de mult așteptase ca oamenii să învețe ce e ăla binele. Stătea la CET, printre turnuri de apă fierbinte. Ne-am și pupat pe obraz, în timp ce copiii aruncau cu flori, iarbă și nisip în noi.

Când intram în casă, de-abia așteptam să ies din nou ca să-l văd, aveam o agitație continuă în mine, o agitație care mă făcea să nu pot să mănânc – ceea ce-mi plăcea, fiindcă nu-mi plăcea mâncarea. Mama a aflat, dar m-a lăsat în continuare afară la joacă, m-a lăsat în tihna primei mele iubiri cu băiatul ăla bătut de soare, ochi verzi și un tupeu care ar fi speriat orice mamă de fetiță care avea cinci ani, dar nu și pe a mea. Mama știa că fetița ei era mai mult băiat. De asta îi plăcuse și lui Victor de mine. Ne șicanam cât era ziua de lungă. Eu eram fetița de la București care venea verile acolo și ei erau șmecherii din Constanța care erau mereu acolo. Nu mă interesa asta. Nu mă interesa ce erau sau de unde erau. Știam mai mult decât să ascult miștourile lor – le îndurasem pe toate, mă julisem prin scări, atârnasem de barele din spatele blocului ca o maimuță și eram gata să mă bat pentru orice credeam că e al meu. Dacă învățasem ceva de la mama era că atunci când ajungi într-un loc nou, faci ce fac tătarii: dai năvală. Îi luam pe toți peste picior, pozam în copilul care știa tot, făceam mișto de ei, mă purtam ca cineva care venise de la București. Îi fascina că sunt de la București, dar, sincer, eu am învățat mai multe de la ei decât ei de la mine.

La un an după nuntă, nu mai știa nimeni cine sunt. Doar eu rămăsesem cu amintirea trecerii pragului. Victor, căruia îi spuneam Vicky, nici nu s-a mai uitat la mine. Am continuat să fiu fascinantă pentru toți ceilalți copii din cartier, dar nu și pentru el. Fetele se strângeau ciorchine în jurul meu pe păturică ca să le învăț ce văzusem la mama: cum să se machieze. Le arătam cum să își dea cu creion la ochi, cu fard și cu rimel, până arătam toate ca niște mini-Cleopatre. Împărțeam toate fardurile mamei, apoi defilam prin fața băieților – *„Hei, ce zici de asta?"*–, neștiind că suntem mai mult decât atât, neștiind că existăm în relație cu noi înse-ne, nu doar cu băieții. Veneam o singură dată pe an, dar, chiar și-așa, cu tot interesul meu pentru discuțiile despre băieți și iubirea pentru Vicky, mi-am dat seama că puteam și noi să ne prefacem că ei nu există. Puteam să facem și altceva decât să ne străduim să le atragem atenția, mai ales fiindcă ne ignorau fiind fete și nu ne chemau niciodată la leapșa sau alte *jocuri de băieți*. Puteam să evităm bătăile și micismele care nu ajutau, în general, pe nimeni – cum ar fi bârfele de copii care se iscau chiar și când te trimitea mătușa să iei pâine.

Toate astea se întâmplau când nu eram pe plajă. Mergeam la plajă și voiam să ajung prima la apă, să-i dau mării să-mi mănânce degetele de la picioare. Marea mă mușca, dar era generoasă – rece doar câteva secunde, apoi caldă. Ne puneam cearșaful pe unde apucam. Aveam de toate la noi – sandviciuri, apă, uneori chiar și bere. Nu aveam umbrelă, geantă de plajă specială și, mai ales, nu aveam cremă cu factor de protecție solară. Noi eram oamenii mării, nu aveam nevoie de ea. Adică o aveam la noi, dar mama îl ungea doar pe tata, bucureșteanul plin de alunițe. Pe mine mă lăsa să zburd liberă în apă, aproape de mal, și mă dădea cu nămol sau mă trimitea la umbră, dacă mă ardeam. Dar nu prea mă ardeam, eu mă cam înnegream.

Pe plajă, mama se simțea acasă. O vedeam în costum de baie, la plajă, relaxată. Nimic nu o putea ajunge din urmă. Câteodată venea tanti Rica cu noi. Ne plăcea când venea și nenea Fane. Stăteam cu fața în sus și vedeam soarele prin pleoapele închise. Ai mei făceau drumuri dese până la barurile de pe plajă, eram la „*Trei papuci*" – noi îi ziceam Modern. Luau bere la pahar pentru ei și pizza cu parizer, la felie, pentru mine. Dacă nu eram răcită, primeam și înghețată. Când nu voiau să-mi ia înghețată, am învățat că prost nu e ăla care cere, ci ăla care dă. Plecam singură pe plajă, mergeam la oameni și le ziceam că mama și tata sunt săraci și că mi-e tare poftă de o înghețată. Fiindcă nu le ceream bani, mergeau cu mine la frigidere să îmi aleg înghețata – vanilie sau ciocolată, mereu ca un unt înghețat. Oamenii nu rezistau șarmului meu de cerșetor, iar mama nu înțelegea de ce nu îi mai cer înghețată și de ce nu îmi trece durerea de gât. M-a urmărit pe plajă și a văzut cum mă descurc. A râs glorios, cu gingiile ei roz, și mi-a zis: „*Acum e ușor, că ești mică. Dar când o să fii mare n-o să-ți mai iasă*". N-a știut că o să ajung să lucrez în publicitate; cred că atunci am început. Mizam pe empatie: le spuneam oamenilor că sunt și eu mică, așa cum au fost ei, că nu am bani, așa cum nu au avut nici ei, că-s pofticioasă, așa cum au fost și ei. Le făceam profilul câteva secunde, ca să mă prind ce să le zic și să obțin ce vreau.

Pe plajele pustii pe care ne ducea mama, alea din Mamaia și Năvodari, era mai greu să fac asta. Cui să-i cer? Ajungeam la ele cu o rată dubioasă, care n-avea oră de întoarcere. Mama își dădea jos sutienul de la costumul de baie și stătea aproape goală sub soarele arzător. Îi vedeam sânii sub soare și-mi doream să nu am niciodată sânii atât de mari, deși ea arăta ca o statuie. Erau singurele momente în care mama nu se agita, nu rezolva mai multe lucruri în același timp, nu vorbea la telefonul ei cât o cărămidă. Plajele alea pustii îi aduceau mamei ofrande: alge la mal, nisip în slip, arsuri pe spate și bere la sticlă, pe care ea o prefera în pahare de plastic. Dincolo de asta însă, marea, ca și cerul, avea multe să-i spună mamei de când nu se văzuseră. Eu mă plângeam de algele verzi și mucilaginoase, însă ei îi plăceau. Mergea până mai departe în larg, dar eu nu aveam voie decât la mal, acolo unde atingeam nisipul cu vârfurile degetelor. Nu se dădea cu cremă d-aia uleioasă care te făcea să devii delfin. Uneori rămâneam pe cearșaf, *„cu drâmba la soare"*, și ea lua o pauză de la tot. Se ducea lângă mal, își înfigea degetele de la picioare în apă și asculta valurile. Cerul privea de deasupra lor, mama și marea, de parcă ar fi vrut să le împace. Ne prindea noaptea pe plajă, ne trăgea frigul de picioarele noastre de bucureșteni, ne ciupeau gâze dubioase, îi spuneam că vrem să plecăm mai repede. Mama se desprindea cu greu și ne întorceam la tanti Rica.

Când să plecăm la București, îmi dădeam seama că inima mea era leneșă, nu voia să se ridice. Rămânea acolo, pe plajă, lângă a mamei. Cât am iubit marea! Când am ajuns în Vama Veche prima oară, m-am gândit la ea. De fiecare dată când văd marea, mă gândesc la ea. *Mama mea e marea.* Mă apropii cu picioarele goale și calc în primul val, ca ea să știe că am ajuns acasă, că sunt acolo unde ea se simțea acasă. Aș fi vrut să mergem împreună în Vamă; am fi dormit la doamna Flori și ea ar fi râs de mine pentru că mă cheamă și Florentina, dar nu-mi place. Am fi băut un shot în Expirat sau poate mai multe. Am fi dansat și ne-am fi prostit. I-aș fi arătat marea care m-a privit cu răsăritul ei când aveam 27 de ani, i-aș fi zis că am ajuns prea târziu acolo, că m-am îndrăgostit prea târziu acolo de băiatul care *„se temea"* pentru că nu aveam abdomenul plat și pentru că el era prea complicat, iar mama mi-ar fi zis că iubirea nu e complicată. Că iubirea apare. Că iubirea râde de ea însăși. Că iubirea nu se teme. Mama nu s-a temut; mama era iubire. Iubirea se arată. E momentul ăla în care îți curge mămăliga din gură la restaurant din cauza mahmurelii când vorbești cu cea mai bună prietenă a ta, e dansul pe care nu ți-l amintești, ăla de la patru dimineața în Expirat, e omul ăla care te plimbă pe străzile din Vamă când tu te străduiești să crezi că el există și nu doar ți l-ai imaginat.

Poveștile astea au contat un pic, dar niciuna nu se compară cu momentul în care ajung la mare. Mirosul sărat îmi intră în plămâni și mă-ntreabă ce caut acolo, iar eu îi răspund că m-am întors la mama.

Mama e marea.

Valurile, sarea, beția de durere, stelele, nisipul care îți intră în fund.

Mama, ca nisipul: încă o găsesc lipită de pielea mea, inevitabil, mereu.

Adolescența

Nu știu când m-am delimitat de mama. Începuse de când m-am născut, când m-am desprins din ea ca o provincie autonomă. A continuat cu momentul în care mi-a venit ciclul. Steagul păcii relative de până atunci s-a transformat într-un absorbant pătat de sânge. Nu mai voiam să fiu ca ea și nu mai voiam să am nimic de-a face cu ea. Ce mă interesa era să petrec cât mai mult timp cu prietenele mele, pe care mi se părea că le iubeam mai mult decât îmi iubeam propria familie. Mama îmi repeta neobosit că îmi vrea binele, iar eu mă enervam, pentru că binele meu era ceva despre care eu știam mai multe decât ea. Mă lăsa afară până la cinci dimineața, când rămâneam cu fetele și răsăritul, dar mie tot mi se părea că îmi îngrădește libertatea, libertate pe care ea mi-o oferise. Mamaie nu mă lăsa să ies din curte. Când ne-am mutat în Dămăroaia a început epoca mamei, care îmi dădea voie să ies din casă și să mă pierd pe străzile dimprejur, deși se temea și ea că poate o să dea mașinile peste mine, așa cum se temea mamaie.

Nu eram bună la niciun joc. Când jucam leapșa, alergam cu limba de un cot, încercând să adun cât mai mult aer în plămâni. Nu eram un copil sportiv, așa că pierdeam mereu la toate jocurile, ceea ce îi făcea pe toți să-și dorească să se joace cu mine. La frunza, mă întorceam acasă aproape bătută și plină de vânătăi. La Țările, cădeam și îmi zdreleam genunchii, îmi vedeam juliturile pline de nisip și mă ridicam. Continuam să mă joc, deși mă durea tot, ca să nu fiu proasta grupului. Dar eram mai mereu, iar eu știam asta. Așa că mă străduiam să compensez printr-un curaj pe care m-am forțat să-l am. Mă băgam în seamă cu băieți de care mi-era atât de frică încât aș fi putut să plâng; eu am fost prima din grupul de fete care a cumpărat bere, o bere pe care am împărțit-o toate la un colț de stradă – ne-am întors acasă abțiguite și am adormit instant –, care a deschis curtea larg pentru prima petrecere din viața noastră la care toată lumea a venit cu ce alcool voia să bea, pentru că nu aveam bani să cumpărăm noi ceva.

Citeam, pentru că-mi plăcea. Învățam, pentru că-mi plăcea. Când fetele din gașcă mi-au zis prima oară că-s „*tocilară*", n-am știut ce înseamnă asta, dar le-am zis că sigur nu sunt o tocilară, că nu știu ele ce vorbesc. Am întrebat-o pe mama, iar ea mi-a zis sec: „*Un tocilar e un om mai deștept ca ceilalți*". Le-am suportat toate tachinările, văzându-mi de ale mele la școală, obsedată să ajung mereu mai repede acasă, ca să fiu cu ele. Nu făceam cine știe ce împreună. Vara ne plimbam pe străzile din Dămăroaia, mergeam să ne luăm înghețată, vorbeam despre Dumnezeu. Eram cea mai mică din grup, ceea ce îmi dădea destul de puțin spațiu pentru păreri. Când ne-am făcut formație, că doar ce fată erai tu în anii 2000 dacă nu încercai să ai o formație, eu am fost *Crazy girl*. Nu mi s-a părut deloc jignitor. A fi nebun însemna că ai curaj să faci ceea ce alții nu îndrăznesc să facă, iar eu îmi întindeam limitele ca pe o gumă de mestecat fără gust. Cu cât le iubeam mai mult și petreceam mai mult timp cu ele, cu atât mama îmi zicea mai des „*Rămâi cu străinii tăi, că sigur o să-ți dea ei de mâncare*", iar eu asta voiam să fac – să rămân cu ele, să le respir aerul, să dorm cu ele, să fiu ca ele, să mănânc mâncarea pe care o făceau mamele lor.

Familiile lor erau perfecte, iar familia mea era nasoală. Familiile lor erau pașnice, iar în familia mea mama și tata se certau chiar și pe buretele de vase. În serile în care mama nu mă lăsa cu fetele îmi doream să moară, ca să fiu liberă să fac ce vreau. Mă culcam plângând, convinsă că nimic din lumea asta nu mă poate face să mă răzgândesc. Când mă trezeam, cu urme de ruj pe față fiindcă mama mă pupase înainte să plece la muncă, mă apucau regretele și plângeam din nou pentru că mă gândisem la asta, pentru că-mi dorisem ca mama să moară. Ce gând tâmpit, ce copil tâmpit. Plecam la școală și uitam. Cu banii pe care mi-i dădea la pachet îmi cumpăram un Flubber și până seara mă iertam că-mi dorisem să moară. Cel mai tare o uram când ieșea în fața porții și mă striga de răsuna cartierul. Știam că vrea să mă întorc și o uram pentru că mă voia acasă, prizonieră, pentru că mă făcea de tot căcatul în fața tuturor prietenilor mei de atunci, pentru că mă scotea din jocurile la care oricum pierdeam.

Nu le spusesem fetelor că mama avusese cancer la sân; mă purtam de parcă acel moment nu existase. Când a rămas acasă în vara de după operație, eram atât de săraci încât mâncam doar salată și cartofi din grădina noastră din București. Ai mei nu voiau să îmi fure cu totul bucuria, așa că raționalizau o sticlă de Fanta: aveam voie un pahar pe zi, ca o sticlă să-mi ajungă patru zile. În anul de după operația mamei, tata făcuse două preinfarcte fără ca noi să știm asta. Unul dintre ele l-a prins cu mine în oraș, la Piața Romană. Tata s-a sprijinit de un copac, a zis că îl doare mâna stângă, a vomitat și ne-am întors acasă, unde totul a revenit la normal. Am aflat că era cât pe ce să moară de-abia când mama l-a trimis la doctor – simțise pe pielea ei cât de importantă era prevenția – și a făcut al treilea preinfarct când aștepta să intre în cabinet. Mama nici nu-și revenise bine, că a fost nevoită să facă drumuri zilnice la Floreasca, unde tata era internat la terapie intensivă, între viață și moarte. Mergeam cu mama la spital și îl vedeam pe tata în pijama, așteptând să i se dea o speranță. Medicii erau rezervați. Îi duceam pâine fără sare, iaurt fără gust, legume și fructe. Dacă ai gustat viața, plătești cu zile în care totul pare apă chioară.

Mie nu-mi păsa că ai mei mai primiseră un pumn în gură de la liberul-arbitru după ce mama se ridicase cu greu din ringul de box. Faza cu viața e că poți să te pregătești cât vrei – o faci doar ca să te poți ridica de jos, dar nu poți para nicio lovitură. Pe mine mă interesa să petrec timp cu prietenele mele mișto, să vorbim despre băieți, dumnezei, muzică, dar mai ales băieți, și să fiu cât mai departe de ai mei, pe care-i consideram bătrâni și învechiți. Nu voiam să merg prin spitale. Voiam o altă viață, una care să nu fie a mea, o viață cu alți părinți și nicio grijă. Copiii de vârsta mea rupeau computerele în două, fumau în curtea școlii și chiuleau cu zilele, dar eu mergeam cu mama la spital, la tata. Mă lua cu ea fiindcă nu știa dacă tata avea să mai trăiască sau nu, nimeni nu îi zicea nimic concret. Când tata s-a îmbolnăvit, mama a început să meargă din nou la muncă, la câteva luni de la mastectomie. Ea trăia toate lucrurile astea, dar nu mi le-a zis niciodată direct. Nu mi-a zis niciodată „*Vezi că tac-tu poate să moară în orice clipă, de ce ești atât de proastă?*". Nu, m-a lăsat să o fac în toate felurile, să o critic, să mă înfoi fiindcă vreau afară, la fetele mele. Atunci i-am zis că e „*tâmpită*" și mi-a tras o palmă, prima și singura palmă pe care mi-a tras-o vreodată. Mi-a zis că „*nu vreau să mai aud neam de neamul tău vorbind așa vreodată cu un părinte*", că „*o să înțelegi tu când o să fii mamă prin ce trec eu acum*", iar eu m-am dus la mine în cameră, unde era frig ca-n inima iadului, fiindcă n-aveam bani să facem focul în sobă încă din octombrie, și-am început să plâng din nou mocnit, dorindu-mi să moară ea sau, și mai bine, eu.

Înainte să plece la muncă, mă pupa mereu pe obraz. Când mă trezeam și mergeam să mă spăl pe dinți, vedeam în oglindă urmele rujului ei roșu pe fața mea. Nu simțeam niciodată când o făcea. Dormeam buștean. Dar urmele rujului roșu erau mereu pe fața mea dimineața. Am ajuns și la școală de câteva ori cu ele, când uitasem să le șterg. Acum mă enerva. De ce dracu' mă pupa? Aveam 13 ani, eram mare, *lasă-mă-n pace, proasta dracului. De ce nu poți să fii tânără, ca celelalte mame? De ce nu pot să am tot ce-mi doresc, ca ceilalți copii? De ce trebuie să ne fie mereu atât de greu? De ce nu putem să fim și noi o familie normală, cu o mamă normală, care-și lasă copiii să facă tot ce vor?* Noaptea, mama venea mereu să mă învelească, pentru că prin vis alergam mereu și mă dezveleam. N-aș fi știut asta dacă n-aș fi prins-o de câteva ori în flagrant, ca pe un hoț care încerca să fure de la mine iubirea pe care nu mai eram dispusă să i-o dau. Mă înfofolea bine de tot și-mi mângâia părul. Apoi mă lua în brațe pe deasupra păturii și-mi spunea cât de mult mă iubește, iar eu îmi doream să nu mă mai iubească, îmi doream să mă lase-n pace să respir, să fiu cine eram. În tot timpul ăsta mă prefăceam că dorm și apoi chiar adormeam, liniștită că mama m-a lăsat în pace.

La 12 ani, fiindcă aveam dinții incredibil de strâmbi, mi-a pus aparat dentar. A costat enorm la vremea aia. Mergeam împreună la dentist și, când ne întorceam în cartier, fetele făceau mișto de mine că sunt sâsâită. Așa că nu l-am mai purtat, drept care, după o vreme, nici nu am mai putut s-o fac și să fi vrut. Dinții mi s-au deplasat în alte direcții și aparatul dentar nu mi s-a mai potrivit. Mama a insistat, îmi repeta mereu că e mai simplu să-mi îndrept dinții de mică, că o să trag acum mai tare pentru mai încolo, dar nici n-am vrut să aud. M-a durut în paișpe de banii pe care s-a chinuit să-i bage în dinții mei și n-am mai purtat aparatul dentar pentru că n-a vrut pixu' meu. Mama a insistat. *„Te roagă mama, poartă-l, copiii sunt răi și proști. O să se ia de tine și apoi o să uite și o să se ia de alt copil."* Mi-a pus un al doilea aparat dentar, tot mobil. Pe ăsta l-am aruncat în grădina cu legume și mama nu l-a mai văzut în gura mea, dar nici nu m-a mai întrebat și nici n-a mai insistat. Și-a dat seama că micuțul ei îngeraș se transformase într-un drac de necontrolat și m-a lăsat în pace. S-a străduit mult de tot să-mi facă bine, iar eu l-am refuzat de parcă îmi dădea de pomană hainele unui râios. Dacă venea de la ea, răspunsul era *„nu, mersi"*.

Tot ea m-a dus săptămânal la cor când am decis să iau în serios meseria de cântăreață și am aplicat la Minisong. Profa de muzică m-a pus să fredonez niște note pe care le-a cântat la pian, ca să vadă dacă am ureche muzicală. M-am descurcat și am intrat în cor, ceea ce însemna că mama trebuia să mă ducă de două ori de săptămână la Intercontinental, la Teatrul de Operetă. Drumul era luuung. Stăteam acolo înghesuiți cu toții și noi, copiii, cântam. Mama mă ducea, mama mă aducea. Singurul lucru bun care a ieșit din asta a fost că am cunoscut-o pe Andreea Marin, care mi s-a părut foarte înaltă când am văzut-o pe platoul de la *Surprize, Surprize.* Parcă eram Albă-ca-Zăpada și piticii. Ironic a fost că de asta am fost și eu exclusă din cor – eram prea înaltă. După ce se chinuise să-mi găsească o fustă și o vestă roșii și după ce a rupt second-handurile în două, mamei i-au zis că am crescut prea mult ca să mai cânt în cor și m-au exclus. „*Bine, numai proștii cântă la cor*” am zis eu. M-a afectat, dar mama a avut grijă să uit repede, probabil dându-mi altceva pentru care să mă agit. Îl punea pe tata să-mi cumpere *Arborele lumii*, revistă pe care-o citeam săptămânal închisă în camera mea. Nu am ratat niciun număr; am scăpat de biblioraftурile cu reviste după ce au mucegăit în debara și le-am aruncat la gunoi. Când le-am aruncat, am aruncat și câteva kilograme din copilăria mea. Cred că obiectele nu contează, dar uneori sunt ancore în amintiri și te doare rău când le dai – parcă ți-ai dezlipi plasturi de pe rană cu tot cu păr, iar părul e prins în suflet.

Fetele n-o iubeau pe mama, se temeau de ea. Era un sentiment pe care mulți oameni l-au avut față de ea. O iubeau și se temeau. Când am descoperit că mama proiecta fațada asta și că ea, de fapt, nu era așa, mi-am permis orice. Mi-am permis să mă port oribil. Mi-am permis să fug din camera mea noaptea, pe geam, ca să mă văd cu fetele. Am fumat pe ascuns. Mă dădeam cu spray în gură ca să nu miros, îmi frecam degetele cu cremele de la Avon cumpărate de ea. Dar ea a știut mereu și eu voiam ca ea să știe. Nici măcar nu a trebuit să-mi ascund de ea primii doi prieteni. Pe primul, Dragoș, l-a iubit din prima. Fuma cu el și povesteau și el îmi zicea cât de mult îi place mama, iar eu mă gândeam cât de mișto e maică-sa și ce prost e că-i place mai mult de a mea. La al doilea prieten mama m-a avertizat și mi-a zis că e un idiot și timpul i-a dat dreptate – a stat cu mine până când a găsit pe cineva mai mișto. Voia să schimbe totul la mine și, după cum am aflat ulterior, când cineva vrea să te schimbe o face fiindcă nu te iubește pentru ce ești, ci pentru ce ar vrea să fii. Asta dacă te iubește vreun pic, ceea ce el nu făcea, fiindcă ne-am despărțit când i-am dat unui coleg de-ai lui 10 000 de lei ca să-și ia un pachet de țigări.

Nu voiam să semăn cu mama. Nu-mi plăcea părul ei roșu sângeriu, nu-mi plăceau ochii ei tulburător de negri, nu-mi plăceau unghiile ei rotunde, degetele ei lungi, picioarele ei. Nu-mi plăcea cum se îmbrăca, nu-mi plăcea cum se purta și nu-mi plăcea că toată lumea o iubea. Nu-mi plăcea că avea mereu dreptate. Avusese dreptate chiar și cu fetele. Când mi-am făcut prieten și când ne-am mutat, din prietenia noastră nu a mai rămas nimic.

Într-o dimineață, pe când ne beam cafelele împreună, înainte să plec la liceu, mi-a întins pachetul ei de țigări – fuma Pall Mall albastru – și m-a întrebat dacă vreau și eu una. M-am uitat la ea și am decis să o refuz. Mi-a zis că bine am făcut, pentru că nu o să prind prea curând ziua în care o să fumăm împreună. Mi-a zis că dacă vreau să fiu proastă, n-am decât să o fac fără sprijinul ei. Nu adoptasem de la ea decât dermatograful negru, pe care am început să-l port dintr-a VIII-a. M-a certat diriga din gimnaziu, dar nu am renunțat la el. M-a certat și diriga din liceu, și nu am renunțat la el nici atunci. Îl port chiar și-acum, când scriu, și nu o să renunț vreodată la el, fiindcă a devenit doliul pe care îl port pentru mama. E cea mai elegantă formă pe care am găsit-o și cea mai subtilă.

Când trăiești tot ce am trăit eu atunci, știi că va veni o zi în care vei putea să faci pentru mama ta toate lucrurile la care ea a renunțat ca să-ți fie ție bine. Mama iubea parfumurile. Când nu avea bani, adică mai mereu, mergea la Flora, un Europa cu chinezării de lângă Pajura, unde mergeam toți, și își lua copii de parfumuri scumpe. Uneori îi ceream bani tatei și mergeam eu să i le cumpăr. Știam care îi plăceau. Ultimul parfum pe care-l țin minte e unul original, pe care îl primise cadou de la tanti Didi. Îmi plăcea atât de mult, încât i-l foloseam pe ascuns – Chanel, Allure. Pe mine nu miroase prea bine, dar mama mirosea ca o doamnă. Știa că-l folosesc și nu a zis nimic. Mi-ar fi plăcut să-i pot lua, cu bani munciți de mine, parfumul ăsta. Să mergem împreună la Paris, să vedem o parte din lume pe care nu o văzuserăm niciodată. Aș fi vrut să-i spun că-mi pare rău pentru că m-am purtat așa și s-o aud răspunzându-mi că nu are sens să-mi cer iertare pentru că eram adolescentă.

N-aș fi vrut să am nimic de-a face cu acea femeie pe care o iubeau toți și de care se temeau toți. Mă uit în oglindă și o văd în ochii mei, o văd în deciziile mele, în neînfricarea absolută pe care o am uneori. O văd în alunița de pe mâna mea dreaptă, cea pe care o aveam amândouă în același loc. O aluniță pe care timpul insistă să o șteargă, fiindcă timpul e o gumă de șters. O verific din când în când să văd dacă mai e acolo, dar nu prea mai e. Ne seamănă mâinile, ne seamănă picioarele, ne seamănă alunița de sub nas, aia care pare o semnătură grăbită făcută de Dumnezeu când avea multe acte de rezolvat. Semănăm. Nu știu dacă am eu nevoie să semănăm sau chiar semănăm în toate; nu știu dacă oamenii îmi spun asta fiindcă *mă* iubesc sau fiindcă *o* iubesc.

Nu îmi amintesc să-i fi zis cuvintele astea magice: „*îmi pare rău*", și nu-mi rămâne decât gândul că mama știa că zilele astea pline de regrete vor veni, că vor fi multe și că m-a iertat în avans. Fiindcă asta știa ea să facă: să ne sperie, să ne iubească și să ne ierte.

Acum, învăț și eu să mă iert.

Mama pe prispa casei din Băneasa

Mama împreună cu cea mai bună prietenă din Băneasa, Maria

Mama și tata la nuntă

Mama și tata cu Andreea mică

Cu mama, tata și Andreea la botezul meu

Cu nașii, aflați în vacanță la București, mama și mamaie

Cu Andreea

Mama și fetele ei

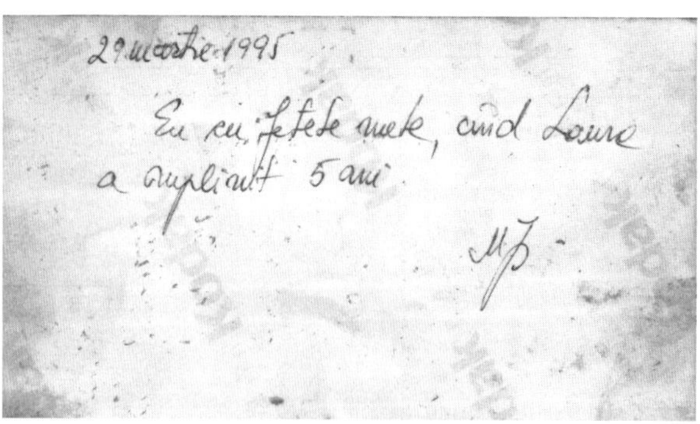

Mama și fetele ei, verso

Cu ai meu, Andreea și Doru la petrecerea lor de cununie civilă

Mama și tortul, la ziua mea de naștere

Cu mama, la ziua mea de naștere

Cu mama, tot la ziua mea de naștere

Mama la birou

Cu ai mei
în Suedia

Cu ai mei
și nepoata
cea mare
în Canada

Cu ai mei, Andreea și nepoata cea mică în Canada

Cu mama la restaurant

Cu mama și prietenul nostru nou, la același restaurant

Umbre

Mamaie venea să mă ia de la școală după-amiezile. Bătea drumul din Dămăroaia până în Iancului, unde stăteam înainte să ne mutăm cu ea, în fiecare zi. Putea să plouă, putea să cadă grindină cât oul de porumbel, putea să apară Iisus Hristos și să-i ceară adeverința de pensionar în tramvai. Venea și nimic nu o putea opri. Mă lua de la școală, îmi încălzea mâncarea pe aragaz, stătea cu mine ca să se asigure că mănânc și apoi se întorcea în Dămăroaia. Trecuse bine de 70 de ani și în loc să stea potolită făcea zilnic drumul ăsta lung, pentru că îi dădea un sens, pentru că o făcea să se simtă utilă și pentru că mă iubea foarte mult. Când pleca, rămâneam singură până când ajungeau ai mei de la serviciu. Așteptam până când se făcea seară, întuneric de-a binelea, iar ei tot nu veneau. Mi-era frică. Stăteam lipită de ușă, nemâncată, plânsă toată și mă întrebam dacă vor mai veni vreodată sau dacă au uitat că exist. Uneori adormeam lângă ușă și mă găseau acolo când se întorceau de la avocați, mama, sau de la meciuri de fotbal cu prietenii și ieșiri la bere, tata.

Îmi amintesc multe lucruri mișto de când eram copil. Toate lucrurile astea se amestecă precum legumele în ciorbă, într-o zeamă făcută din multă așteptare. Am așteptat-o pe mama zile întregi. O așteptam să vină seara de la birou. O așteptam să vină acasă de la muncă sâmbăta, când rămâneam cu tata și nu știam ce să ne spunem. O așteptam să vină să stea un pic cu mine după ce își termina de fumat țigara. O așteptam să vină să-mi corecteze temele. O așteptam să vină să mă ia din Dămăroaia. Așteptam să fim doar noi două, dar nu pentru că aș fi vrut să facem ceva împreună, ci pentru că aș fi vrut să nu facem nimic împreună. Voiam să stăm leneșe la televizor și să ne bronzăm la soarele întins pe pereții galbeni din sufragerie. Mama lipsea mult de acasă pentru că trebuia să muncească de două ori mai mult: o dată pentru noi și-o dată pentru că voia să recupereze casa naționalizată din Dămăroaia, ca să ne putem muta acolo, la mamaie. Mie nu-mi păsa de casa aia deloc. Voiam să stau cu ea atunci. O așteptam atunci. Voiam să vină atunci. Copiii sunt egoiști, dar sunt și sinceri cu nevoile lor. Nu o voiam pe mama într-un viitor, o voiam pe mama prezentă atunci. Am rămas cu sentimentul ăsta, că aș mai fi putut s-o iubesc și că n-am apucat s-o fac cât aș fi vrut, până la capăt. Mama s-a terminat prea repede.

Ce să fac cu emoțiile astea netrăite? Le-am scos din mine și le-am aruncat în lume, furioasă ca o femeie înșelată care îi aruncă de la balcon boarfele jumătății care se voia mai bună, dar n-a fost. Am așteptat-o atât de mult și mama n-a mai venit. Nu numai că n-a mai venit, mama s-a dus și n-o să mai vină. Mama era doar un om. Avea și ascunzători în care păstra lucruri doar pentru ea, nu doar camere luminoase. Se enerva foarte repede și, în loc să vorbească despre ce o enervase, se încuia în ea însăși și ne lăsa să orbecăim ca proștii printr-un labirint de tăcere. Nu-mi mai vorbea ore bune, iar eu o trăgeam de fustă și de mâini, când aș fi vrut s-o trag de limbă. Aș fi preferat să țipe la mine, ca să simt că e acolo. Dar ea tăcea – tăcerea era ca aceea în care stăteam când o așteptam să se întoarcă de la muncă și mă făcea să mă simt singură. Aș fi preferat să mă plesnească, măcar asta m-ar fi făcut să plâng și m-ar fi scos din starea aia turbată de agitație, de așteptare a unui om care era acolo. Știu sigur că făcusem și eu vreo prostioară, desenasem pe linoleum sau aruncasem cu un cartof în capul chelios al vreunui trecător, dar mi se părea că nu merit tăcerea mamei. Când tăcea, îmi lua înapoi cadoul pe care-l primisem, pe care-l iubeam și cu care de-abia așteptam să mă joc – ea însăși.

Profita de tăceri ca să ne gătească ardei umpluți și ciorbe. Ziceai că e Shiva, trebăluia prin toate colțurile din bucătărie cu o infinitate de mâini și niciuna pentru mine. Mă ignora, iar eu stăteam în pragul ușii și plângeam mocnit, rugând-o să-mi spună ceva, orice, ca să simt că exist. Îmi vorbea când mă chema la masă, dar până atunci îmi trecea toată foamea și rămânea doar foamea de ea, foame care urlă în mine și acum. Altă dată am enervat-o atât de tare încât m-a încuiat pe dinafară. M-a lăsat în fața ușii. Am plâns acolo până când am ațipit și am tăcut. Atunci am schimbat rolurile: tăcerea mea a speriat-o pe ea. A deschis ușa ca să verifice dacă mai sunt acolo, dacă nu am ieșit din scară și am plecat să mă joc în spatele blocului. M-a găsit pe jos, m-a luat în brațe, iar eu m-am supărat *definitiv* pe ea fiindcă mă abandonase acolo, dar mi-a trecut a doua zi. M-am prefăcut că am adormit doar pentru că mângâierile ei începuseră să mă doară – voiam să își ia mâna de pe mine și să se decidă mai repede dacă vrea să rămână sau dacă vrea să plece. Am înțeles asta de când eram mică: se simțea prinsă în București ca un toc înfipt în smoală și și-ar fi dorit să fie din nou în Băneasa, dar nici acolo nu-și mai găsea locul. Mă așteptam ca într-o zi să se hotărască pur și simplu că vrea să plece, fiindcă părea un fel de pasăre în colivie, una care își plănuia evadarea. Dacă era un plan, nu a fost niciodată mai mult decât un fâlfâit de aripi, o intenție de a decola care nu s-a realizat niciodată.

Mama m-a părăsit de multe ori. Așa că, atunci când am ajuns adolescentă, am decis s-o rup de tot cu ea, să o urăsc, să o abandonez, să aleg să nu îi semăn, să mă îndepărtez de ea și de tata cât mai mult. Voiam să descopăr o lume nouă, una în care nu aveam nicio legătură cu ai mei, o lume fără abandonul continuu la care m-am supus în toți anii în care am crezut că mama n-o să se mai întoarcă. Mi s-a părut întotdeauna că le-a dat foarte mult din ea celorlalți; voiam și eu mai mult din ea. Pentru mine parcă nu îi mai rămânea nimic. Și înțeleg de ce. Îi așteptam, în fiecare zi, pe ea și pe tata ore întregi, încuiată în casă. Când veneau, erau prea obosiți să se joace cu mine, iar eu asta îmi doream. Mă plictiseam de îmi venea să mă urc pe pereți, dar nu făceam prostii. Nu mă atingeam de aragaz, știam că nu am voie, mă jucam în sufragerie, uneori adormeam pe covor. Pentru un copil cu atât de multă energie eram cuminte. La școală nu mă săturam să fiu pe lângă colegi, aveam doar trei sau patru pauze în care să ne jucăm, apoi venea mamaie să mă ia și să mă aducă acasă. Rămâneam singură fix când ceilalți copii erau afară, la joacă, după ore. Speram că, dacă ai mei vor veni mai repede, îmi vor da și mie voie afară – mama întotdeauna mă lăsa la joacă. Mamaie era cea care m-ar fi ținut în casă, ascunsă acolo așa cum ascundea banii prin cearșafuri, de teamă să nu vină hoții peste ea și să-i fure agoniseala pe care o ținea acasă, fiindcă n-avea încredere în bănci.

Vocea lui mamaie amplifica temerile mamei cu privire la mine, cu privire la copii în general – dacă aș fi pățit ceva, și nu din cauza mea, ci din cauza altora? E grija principală a mamelor – că li se va întâmpla ceva copiilor când ele nu sunt acolo, că răul nu are nevoie mereu de martori. Mama se străduia să jongleze cu nevoia mea de libertate și cu nevoia ei de a avea grijă de mine. Mamaie se strecura pe vârfuri în mintea ei și prelua controlul – *„Ce o să se întâmple dacă o lași pe Lăurica afară când tu ești la muncă? Dacă o să se i se întâmple ceva când e afară și nu o să aibă cum să te anunțe? E plin de nebuni, maică. E plin de seringi pe jos"*.

Era plin de seringi pe jos pentru că era plin de heroinomani în cartier. Era generația aia din anii '90, una care nu descoperise încă iarba. Sau una care nu descoperise iarba pentru că descoperise heroina înaintea ierbii. Noroc că au venit rapperii iluminiști care cântau despre iarbă și le-au arătat calea tuturor celor care voiau să-și altereze un pic conștiința. Era plin de gropi făcute pentru canalizări, racorduri la gaze și căldură. Era praf și era cald și era plin de dubioși care făceau laba în boscheți uitându-se la fetițe de vârsta noastră. Era plin de pericole, n-am ce zice, dar niciunul dintre pericolele astea nu reușea să mă facă să nu-mi doresc să ies afară. Cu cât așteptam mai mult, cu atât îmi doream mai mult să fiu afară, dar rămâneam prinsă între două întrebări care se ciocneau ca pietrele, făcându-mi mintea să ia foc: *„De ce ai mei nu vin mai repede acasă?"* și *„De ce nu sunt afară când toată lumea e afară?"*. Relațiile dintre copii se construiau în primă fază dacă îți făceai simțită prezența într-un catalog invizibil al locului de joacă: erai afară, deci până la urmă te băgau în seamă. Apoi începeau să te cunoască și te includeau în jocuri. La final, ajungeați să legați și prietenii, dar eu nu ajungeam niciodată acolo, pentru că în timpul săptămânii eram în casă. Aveam voie să ies afară în weekenduri, când mama mă supraveghea de la balcon până când se întorcea la treburile casei.

Dacă ar fi fost să mi se întâmple ceva, nu ar fi avut cum să coboare șapte etaje cu un cuțit de bucătărie și să-l înjunghie pe răufăcător, fiindcă n-ar mai fi găsit nimic de salvat până când ajungea jos. Trăia cu acest fals sentiment de control – dacă era acasă și mă vedea pe geam (chiar dacă centrala blocului făcea ca locul de joacă să fie ascuns într-o eclipsă permanentă), însemna că nimic nu mi se putea întâmpla. Și nu mi s-a întâmplat nimic, niciodată. Nu fiindcă n-ar fi fost suficient de multe ocazii. Când crești și ești fată, sunt șanse ca prima puță pe care o vezi să nu corespundă idealului romantic în care îți pierzi virginitatea într-un dormitor cu petale de trandafiri, după ce ai descoperit că ești prințesa unui ținut de mult uitat. Nu, prima pulă apare în general într-un moment în care nu știi că se numește așa. E a unui boșorog pervers care se pișă pe vreun gard sau care și-o freacă uitându-se la voi, fetițele, cum vă jucați. Știi că ai văzut ceva ce nu trebuie să vezi, că doar d-aia taică-tu are grijă să se ascundă de tine mai mult decât o face mama ta, pe care ai văzut-o de multe ori goală. Și mai știi ceva. Știi că dacă i-ai povesti mamei tale despre asta, puțina libertate pe care o ai, aia de a te juca în spatele blocului, va dispărea, pentru că ea va începe să se teamă pentru tine mai mult decât o face oricum. Așa că suntem o generație de fete care nu le-am povestit mamelor despre momentele astea, fiindcă nu voiam să le îngrijorăm – ceea ce arată că ne așteptam la niște reacții disproporționate.

Vorbim despre sinceritate, dar teama o umbrește. În zilele în care aveam voie afară am văzut multe lucruri pe care nu i le-am zis mamei, fiindcă știam că lucrurile alea nu au ce căuta în copilăria noastră. Ajungeam să le vedem pentru că ne ascundeam prin cotloane când ne jucam de-a v-ați ascunselea și dădeam peste vreun drogat care moțăia liniștit cu acul în venă sau peste vreun muncitor bețiv care adormise la umbră sau peste vreun bărbat care își bătea nevasta în plină zi. Nu ne păsa de poveștile astea, doar de copilăria noastră, ceea ce le făcea cu atât mai periculoase pentru noi. Cred că lumea de azi e una un pic mai sigură pentru fete și fetițe, dar nu suficient de sigură încât să le păzească de *„un pupic pe alunițe”**. Am fost crescute să știm din start că e mai greu pentru noi decât pentru băieți, că ne pândesc pericolele la orice pas și că trebuie să fugim dacă vedem ceva ce nu ar trebui să vedem, așa că asta făceam. Dar fuga nu ne ducea acasă, ci ne ducea în alte locuri în care puteam să ne jucăm simțindu-ne în siguranță. O falsă siguranță și de partea noastră, pentru că nimic nu e niciodată sigur cu adevărat. Nici măcar liftul nu era. O dată m-am urcat în el și, pentru că eram prea slabă, am vrut să fac figura cu apăsatul butoanelor ca să pornească. Până să apuc, liftul a plecat cu mine, iar eu am rămas în el terifiată, neștiind ce să fac. Am ajuns de la parter la etajul opt cu ușile deschise, singură în lift. Mă așezasem pe jos cu genunchii la gură. Noroc că vecina de deasupra m-a recunoscut și, fără să se sperie, m-a lăsat acasă, la șapte, rugându-mă să merg pe scări când mai am nevoie. De atunci mi-a fost frică de lifturi. Dacă mă întrebi ce e moartea, pe care atunci am văzut-o și am conștientizat-o printre primele dăți, am să-ți spun că e fix asta: un lift care continuă să urce fără să oprească la niciun etaj. Un lift care nu oprește nicăieri, doar urcă. Sau coboară, dacă ai făcut rele și te pedepsește Dumnezeu.

De fapt, hai să vorbim un pic și despre asta. Hai să vorbim despre Dumnezeu, care venea în vizită când bunicile aveau nevoie de extraautoritate asupra noastră, fără să-și dorească să ne supere, așa cum o făceau mamele noastre.

* Vers dintr-o piesă a trupei Valahia, „Băutură și femei”.

Mamaie îl aducea des în discuție pe Dumnezeu. Era prietenă cu alte babe, toate aveau altă religie. Și Dumnezeu era pentru ele un fel de soț care murise fără ca ele să fie văduvele Lui, atât de des apărea în discuțiile lor. Puteau să se certe pe cât chimen pun în sărățele, dar nu și pe Dumnezeu. Așa arată, zic eu, pacea mondială: femeile astea cochete și zbârcite, care beau cafea și mai și ghicesc în ea, discutând despre Dumnezeu cu același drag, deși două sunt ortodoxe, una e catolică și una e pocăită. Mama nu prea vorbea despre Dumnezeu, deși respecta unele obiceiuri creștinești. Mamaie, în schimb, zicea des că urmează să mă pedepsească „*Doamne-Doamne*". Nu știu de ce oamenii au impresia că repetiția îndulcește ceva, mai ales când vorbesc cu cei mici. Mie „*Doamne-Doamne*" îmi suna exact ca „*Bau-Bau*". „*Te pedepsește Doamne-Doamne*" îmi zicea mamaie, ca să alunge duhurile rele din mintea mea, ideile alea care ar fi putut sfârși cu mine lovită, învinețită, trăsnită de fulgere. Ce am înțeles din relația cu Doamne-Doamne e că eu sunt de vină pentru tot ce se întâmplă rău în familia mea. Dumnezeu nu se uită la adulți. Se uită exclusiv la cei mici și îi pedepsește pe toți pentru ce fac ei. Ochii lui sunt greu de dus pentru un copil.

Pe scurt: dacă mă pedepsea Dumnezeu pentru ce rele făceam, suferеam toți. Dacă făceam bine, primeam pandișpan și mi se făceau toate mofturile. Dumnezeu pedepsea, dar dacă făceam bine, oamenii erau cei care îmi înapoiau binele. Nu aveam nuanțe de gri: ori eram buni, ori eram răi; „*a greși e omenește*" repetau toți, dar nu puneau în practică. Am spart o oglindă în ziua în care tata a căzut din cireș. Deși nu exista nicio legătură între aceste două lucruri, mintea mea le-a înșiruit într-o secvență cauză-efect. Am crezut că tata a căzut și și-a rupt mâna fiindcă eu am spart oglinda, așa că urma să fim blestemați cu șapte ani de ghinion. Atunci începeau. Am plâns în noaptea aia, convinsă că am invitat apocalipsa în sânul familiei mele.

M-am obișnuit, în cele din urmă, cu vina. Eram de vină pentru tot. Eram de vină pentru că nu puteam să cred în Dumnezeu cu tăria celor mari. Nu-l simțeam. În biserică mă apucau toți bâzdâcii, era cald, mirosea a tămâie, a moarte și a oameni care s-au spălat și s-au parfumat excesiv, ca să se prezinte cum trebuie în fața lui Doamne-Doamne. Popa îmi punea întrebări ciudate despre ce am făcut și cum am păcătuit și, după ce mă descosea, îmi spunea să zic nu știu câte rugăciuni pe zi. Mamaie avea o relație specială cu divinitatea: mergea la biserică doar de Paște și de Înviere, când mergeam și eu cu ea, îmbrăcată în haine noi. Partea mea preferată era lingurița de vin de la împărtășanie. Mamaie era destul de neortodoxă, dacă mă gândesc bine. Amesteca fără niciun fel de regret credința și rugăciunile de culcare cu talentul ei de a ghici în cafea, în lăbuțele pisicilor, în bobi, în genunchi și-n încheieturi. Era mai degrabă o vrăjitoare creștină decât o babă habotnică. Dar nu mă ajuta deloc cum îl scotea pe Dumnezeu de la naftalină ca să mă sperie cu El când ajungea la capătul răbdării, ea, infinit de calmă. Dumnezeu se uita la mine doar când greșeam. Mă vedea și mă pedepsea. Nu eram niciodată suficient de bună, nu eram un copil model. Nu eram doar o bucată de plastilină sau un golem fără creier, eu alegeam și ce alegeam eu era greșit și aducea năpasta asupra noastră.

Mamaie ne-a iubit enorm, ca o sobă care ne încălzea prea tare. Războaiele ei cu mama nu erau războaie adevărate; amândouă erau rele de gură și se certau parte în parte – mama nu venise ca un tătar ce era la București ca s-o asuprească o bulgăroaică, iar bulgăroaica nu accepta ca nevasta lui Gigel să-i întoarcă vorba. Au încăput amândouă în inima mea, chiar dacă ce zicea una o contrazicea pe cealaltă. Am învățat de la amândouă, de fapt, același lucru: că e greu să fii femeie. Am învățat de la amândouă că nu poți vorbi despre anumite lucruri, oricât de mare nevoie ai avea să vorbești despre ele.

Mă dezvăț acum de o parte din ce am învățat, iar acest proces este mai complicat decât învățatul. Iei părți din tine și le-arunci pe geam și încerci să te recompui din ceva coerent din ființa ta consolidată peste ani. Uneori nu ești atât de coerent pe cât crezi – fiindcă ești lumină, dar capeți sens doar când îi faci loc în tine și întunericului. Cu întunericul e mai greu să facem pace, fiindcă în el nu vedem forme, doar amenințări. Ține de cât timp petrecem cu el până când ochii ni se obișnuiesc și începem să vedem chiar și-acolo, să descoperim că-s lucruri de iubit și-n întuneric. Pe oameni îi iubești cu totul – când spui că-ți place zmeura, nu separi fructul de sâmbure. Așa și cu ai noștri. Îi iubim cum sunt, îi iubim pentru tot ce au făcut și pentru tot ce n-au știut să facă. Dacă vorbim despre ce n-au știut sau ce n-au putut să facă, nu înseamnă că îi iubim mai puțin.

Înseamnă că ne-am dat jos vălul de pe ochi și că am făcut lumină ca să vedem și întunericul. Îi acceptăm cum sunt, fără să ne dorim să-i schimbăm – nu doar fiindcă e prea târziu, ci fiindcă e prea târziu pentru noi: îi iubim deja.

Diagnostic

Sunt zile pe care știi că ți le vei aminti pentru totdeauna. Vin peste tine fără niciun avertisment și fără niciun presentiment, fără niciun fior pe șira spinării. Vin ca răspunsul la întrebare.

„Mama, vii cu mine la Spitalul Militar, să iau rezultatul scintigrafiei?"

Scintigrafia este o investigație utilizată pentru detectarea cancerului sistemului osos. După ce medicii i-au zis mamei că are osteoporoză, ceea ce nu era nemaivăzut la vârsta ei (avea 52 de ani), au trimis-o să facă și analiza asta, ca să se asigure că nu a recidivat cancerul și că totul este în regulă. După diagnosticul de cancer din 1999 și mastectomie, ne temeam de cancer. Ne temeam că se va întoarce și că a doua oară nu va mai pleca neînsoțit.

I-am zis că merg cu ea, ne-am îmbrăcat și am plecat. Era un noiembrie îmbufnat, mai degrabă spre decembrie. Cerul ne lovea cu o burniță rece, de ziceai că fie voia să ne scuipe de deochi, fie să ne țină pe amândouă treze stropindu-ne. Am luat-o prin parc până la stația de troleibuz care ducea la Gara de Nord, un drum pe care îl mai făcuserăm de multe ori împreună când mama mă lua cu ea la muncă. De la Gara de Nord mi-a cumpărat prima oară o șaorma, că așa era mama, *early adopter*. Mă ținea de mână când mi-a șterpelit-o cineva în fugă. Într-o figură demnă de Karate Kid, mama i-a tras o geantă peste ochi. Apoi a revenit la sentimente mai bune și mi-a zis că probabil îi era foarte foame de a ajuns să fure de la un copil. Mi-a dat-o pe a ei.

În drum spre stație nu ne-am zis mare lucru. Simțeam că m-a luat cu ea ca pe un talisman și speram să fiu în stare să livrez rezultate: un diagnostic care să ne permită să trăim încă mult timp așa cum o făceam. Fericiți în pofida sărăciei, a schimbărilor politice (sau a lucrurilor care nu se schimbau deloc), a luptelor cu statul, a ciondănelilor noastre. Mi-a zis doar că merg prea repede, că îi e greu să țină pasul cu mine și m-a rugat să încetinesc, iar eu am auzit roata întorcându-se. Când eram mică, mama era cea care mă târa după ea ca să nu întârzii la școală, de ajungeam în clasă gâfâind ca după maraton.

Îngrijorarea din ziua aia mi-a mâncat din memorie tot drumul cu troleibuzul până la spital. Nici nu mai știu cum am ajuns acolo, dar știu cum arăta holul. Am rămas pe o bancă albă de lemn pe coridor, în timp ce mama a intrat, cu geanta și cu punga ei de plastic plină de acte medicale, în cabinetul medicului. Voiam să fiu puternică pentru ea și mă străduiam să cred că orice ar fi o să fie bine.

Cum mă îmbărbătam în gând pe banca aia, am simțit cum se ridică în mine valul cald de lacrimi dintre coaste, prin gât și nas. N-am reușit să mă opun propriilor gânduri și am început să plâng. Plângeam pentru că-mi imaginam viața fără mama. Redevenisem copilul paralizat de frică care se gândea la ziua în care mama n-o să mai fie, copilul care făcea pe el în pat. Acum plângeam pe o bancă de spital, iar ea era în cabinet, la o secundă de viață și una de moarte.

Când ne gândim că oamenii pe care îi iubim vor muri, nu ne gândim și la împrejurările în care se va întâmpla.

De parcă pur și simplu ar dispărea, cu tot ce le-a aparținut, și noi vom vorbi despre ei ca să ne asigurăm că au existat și nu doar ni i-am închipuit. Dar ce trăiam atunci era cumplit de real, nu mai aveam cu ce să acopăr ce se întâmpla – nu era nicio lecție de viață acolo, nu era nicio poezie, era un cabinet medical în care oamenii intrau și ieșeau, triați în vii și morți. Așteptarea a durat o veșnicie în care m-am străduit să mă controlez și n-am reușit, în care ceilalți doi oameni din încăpere m-au ignorat pentru că oricum nu aveau ce să-mi facă, în care mi-am adus aminte cum mama stătuse cu mine în spital așteptând, iar acum eram eu cea care făcea asta. M-au sugrumat regretele: că nu o iubisem suficient de mult, că îi făceam viața grea cu poveștile mele de dragoste de pe la școală și cu chiulurile mele, că mă răsteam și eram lipsită de răbdare cu ea. Am ajuns să înțeleg și fenomenul de combustie spontană a oamenilor: plângeam și nu eliberam nimic, doar acumulam energie, mă ardea în piept de parcă urma să izbucnesc ca o flacără alimentată cu prea multă benzină. Dacă m-aș fi aruncat de pe o clădire (oricum simțeam că mă prăbușeam), aș fi explodat la contactul cu solul.

Când mama a ieșit din cabinet i-am privit atent fața ca să depistez semnele unui diagnostic de recidivă. Însă ea zâmbea. S-a apropiat de mine, eu pe bancă, ea în picioare, și mi-a pus capul pe burta ei. Am auzit liniștea din care veneam și eu. Mi-a mângâiat părul.

„Hai, măi, mamă, nu mai plânge ca o bleguță. Uite, sunt bine. Totul o să fie bine. Hai acasă, să-i zicem și lu' tac-tu."

Am plecat de la spital, am mers la un Rodipet. Mama și-a luat un pachet de Pall Mall albastru și și-a aprins o țigară. Mie mi-a luat un *Bravo*, probabil sperând că învăț despre sex din reviste, nu din experiență. Îmi venea să-i cer o țigară, dar m-am abținut, urma s-o fur mai târziu din pachetul ei și să o fumez noaptea la geam, așa cum făceam mereu.

Am ajuns acasă și viața a revenit la normal.

Eu am continuat cu școala, iar ea a continuat să lucreze de acasă. În ultimul an, 2006, mama reușise să-și facă propria firmă de contabilitate. Avea un singur client, un magazin mai mare de prin Militari, dar era convinsă că acela era doar începutul și că avea să facă rost și de alții pe parcurs. Nu se grăbea nicăieri, avea o viață întreagă înainte. Eu o mai ajutam la niruri și transformat facturi fizice în facturi digitale, treabă pentru care îmi dădea bani de buzunar. La un moment dat n-a mai avut nevoie de mine, pentru că se descurca și fără sprijinul copilului care rupea internetul în două. După ce a căutat pe net câteva zile, mama a vorbit cu unii care vindeau un soft de gestiune contabilă și l-a cumpărat de la ei, ca să-și facă viața ușoară. *Early adopter*, după cum ziceam.

Am făcut Crăciunul împreună, ca întotdeauna. Mama a avut grijă să ne ofere belșug și să se agite prin casă cu sarmale, fripturi, salată de boeuf, șprițuri, aperitive, brânză cu mărar. Nu ne-a lipsit nimic. Am mâncat, am băut și ne-am culcat trotilați și veseli.

Pe 1 ianuarie am făcut ce făceam mereu: ne-am uitat la maratonul de *Tom și Jerry* de pe Cartoon Network. În fața televizorului, vârstele noastre se amestecau și deveneam toți trei un fel de frați. Râdeam și mâncam în pat, beam tot în pat și apoi ne culcam la loc, tot trotilați și veseli, după o zi în care Tom nu reușise să-l prindă pe Jerry. Așa fusese și povestea familiei noastre: răul ne alergase și ne întinsese tot felul de capcane, dar noi fuseserăm mai deștepți. Evitaserăm toate capcanele și asta fusese fericirea noastră. Nu absența răului, ci ocolirea lui.

În lunile următoare, mama a continuat să slăbească – ținea cură de prin vară și era veselă că slăbește, pentru că asta însemna mai puțină presiune pe oasele ei atinse de osteoporoză. Obosea din ce în ce mai repede, așa că ducea după ea un scaun de plastic, din cele de grădină, pe care se așeza ca să-și tragă sufletul. Scaunul ăla era ca o cârjă, mereu după ea. Tot cam pe-atunci m-a rugat să vin din nou cu ea cât făcea cobaltoterapie, o procedură care îi ajuta oasele, îmi explicase ea, iar eu am așteptat-o în curtea spitalului, sub copacii care se întreceau în nuanțe de verde. Când am ajuns acasă, după același drum cu troleibuzul, mi-am dat seama că de data asta, spre deosebire de prima dată când am mers la spital, mama a vrut să stea jos, fiindcă nu mai rezista în picioare.

Acasă am văzut-o pe tronul ei din plastic alb, în sufragerie. Și după nu am mai putut să nu o văd. Sunt momente în care adevărul îți intră în ochi ca un ciob, iar ăsta a fost unul dintre ele.

Mama nu era mai bine. În ultimele luni, starea ei se deteriorase. Nu mai era sprintenă și nu se mai agita la fel de mult. Slăbea prea mult, prea dintr-odată. Scaunul ăla alb de plastic o urmărea peste tot, orice ar fi făcut. Era în sufragerie, pe covor. Era în bucătărie, lângă masă. Era în curte, lângă celelalte scaune – acolo unde îi era, de fapt, locul.

Continua să ne gătească, se implica în curățenie, dar delega mai mult. Nu era bine. Se îndepărtase de bine. M-am lăsat în genunchi lângă scaunul ei.

„Mama, știu că mă minți. Vreau să știu ce ai. Orice ar fi, putem să luptăm împreună cu asta, o să fim mai mulți și tu o să fii bine."

„Așa e, Liluț, ai dreptate. Poate că te-am mințit, dar oricum o să fie bine, că-s o luptătoare și vă am și pe voi lângă mine."

A folosit pluralul și mi-am dat seama că tata știa și nu-mi spusese. De fapt, fix după ce mi-a recunoscut că nu era bine, fără să-i zicem „cancer", fără să-i zicem pe nume, de parcă dacă nu-l numeam avea să plece, mama mi-a zis să nu le zic celorlalți. Mi-a zis că nu vrea să știe Andreea, că nu vrea să știe mamaie de la Băneasa, că nu vrea să știe nimeni. N-am înțeles de ce, dar am ales să-i respect decizia.

După ce am aflat adevărul, m-am mobilizat. Fata care plângea pe banca din curtea spitalului încetase să mai existe. Am început să caut pe net tratamente alternative pentru cancer și m-am gândit ce aș putea să fac ca să îi ajut pe ai mei cu banii. Sau măcar ce să fac ca să le cer mai puțini bani de cheltuială, pentru că le aveau pe ale lor acum, cu spitalele și ratele la aragaz și frigider și casă și tot.

Făceam parte dintr-un grup de fete care stăteau cu mine și fiindcă le ajutam la teste. Veneau din familii cu mai mulți bani decât a mea, așa că m-am oferit să le scriu eseurile la română și la engleză. Părea simplu, dar trebuia să scriu chestii care să nu le sară în ochi profesorilor. Scriam în Word și ele transcriau de mână. Nu știam cum să ies din grupul ăla – așa nimerisem în bancă la începutul clasei a IX-a și acolo am și rămas până la finalul liceului, deși nu aveam neapărat prea multe în comun și uneori simțeam că sunt cu ele fără să vreau de fapt să fiu cu ele. În parte, pentru că nu îmi permiteam chiulurile scumpe în bodegi (aveam 5 lei pe zi pentru pachet, dacă stăteam patru ore într-un loc nu puteam să beau doar o cola), în parte pentru că aveam cu totul alte interese și alte lumi.

Între timp mă împrietenisem cu o colegă cu care aveam mai multe în comun: de la muzică la citit, la căutat pe net și văzut seriale. Lumile noastre erau compatibile, dar ea stătea în prima bancă, iar eu într-a treia și ne comportam de parcă am fi avut o relație interzisă – petreceam mult timp împreună după ore, dar la școală ne prefăceam că nu suntem atât de apropiate. Cea care o interzicea eram eu – mi-era frică să se nu se supere celelalte pentru că am o altă prietenă.

Aranjamentul cu eseurile le-a convenit tuturor. Eu îmi petreceam weekendurile făcându-le proiectele la română și engleză, iar ele mă plăteau lunea. Urma să împlinesc 17 ani în martie și mama mi-a dat ceva bani ca să-mi fac ziua. A insistat să am o viață normală de adolescentă, deși ce trăiam noi numai normal nu era. Mi-am făcut rapid niște calcule și m-am hotărât că din grupul fetelor cărora le făceam eseurile o să chem doar două la ziua mea.

Mergeam într-o bodegă sinistră din Amzei, un subsol care mirosea a mucegai și unde era întotdeauna semiîntuneric, unde fumam la greu până când nu mai aveam aer. Nu era genul de loc pentru niște fete *posh* ca ele. Nici nu aveam bani pentru toate, iar ideea e să chemi oamenii la ziua ta ca să le faci cinste. Le-am chemat doar pe cele două, fără să mă gândesc la ce se va întâmpla dacă vor afla celelalte. În naivitatea mea, credeam că nu vor afla. Dar au aflat și au strâns bani de cadou, o pereche de converși. Asta le spusesem mai demult că îmi doresc.

Mă așteptam să urmeze o confruntare – eram la vârsta dramei extreme din orice. Cineva mi-a scris că le-a văzut într-un alt liceu, la Caragiale, unde trebuia să fiu și eu ca să particip la o conferință pentru tineret. Mi-am dat seama că urmau să facă ceva și am preferat să fiu umilită în liceul altora, nu la al meu. Măcar acolo nu mă știa lumea. Am lăsat-o pe prietena mea din prima bancă în drum și m-am dus să le înfrunt. E ciudat să te duci să ți-o iei, să știi că orice ai face n-ai cum să eviți asta.

Mi-au aruncat cadoul pe jos, în fața puștilor care ieșeau de la ore. Au început să se certe cu mine și să-mi spună că nu mă interesează decât banii, că ele m-au ajutat, că sunt o perversă, o ipocrită, că am două fețe, că sunt pe interes, o nesimțită care nu le-a chemat pe toate la ziua ei. Am încercat să le explic, dar poți să zici tu orice când ceilalți nu vor să te asculte. Au țipat la mine. M-au întrebat dacă nu îmi iau cadoul și, cu toate că nu voiam nimic de la ele, m-am aplecat și am ridicat tenișii de pe jos. Mă simțeam ca sărmana Maria - oricum, totul era o telenovelă de proporții galactice. Îmi venea să plâng, dar asta mai lipsea, să le dau și satisfacția asta. Am tăcut mâlc.

La final, una dintre ele mi-a zis: „Laura, mama ta o să moară!", iar pe mine m-a durut cumplit, fiindcă știam că e adevărat. Era o posibilitate pe care ea a transformat-o în ceva concret.

A spus-o ca pe o proclamație. Știam că ea își pierduse mama și bănuisem mereu cât îi fusese de greu, iar acum îmi arunca cuvintele astea cu un fel de satisfacție pe care n-o înțelegeam. Am îmbrățișat cutia cu teniși și am plecat. M-am dus către Romană, deși stăteam în partea cealaltă a orașului. Am plâns tot drumul către Romană și tot drumul către casă. Acasă nu am mai plâns, nu voiam să mai adaug dramele mele de adolescentă la ceea ce trăia mama.

Una dintre ele mi-a scris că îi pare rău și că ea nu a vrut să fie acolo, dar a fost. La școală nu mi-au mai vorbit, au urmat săptămâni de statusuri pe Messenger despre prieteni și trădători. Și-au declarat iubirea între ele, au râs de mine și m-au batjocorit ori de câte ori au avut ocazia. Eu rămăsesem în aceeași bancă, izolată printre ele ca o insulă fără arhipelag.

Când ele nu mi-au mai vorbit, mi-a vorbit Dumnezeu. Mai bine spus, eu i-am vorbit Lui, pentru că El n-a răspuns.

„Laura, mama ta o să moară", îmi șoptea perna când mă băgam în pat și plângeam pe ascuns până când adormeam. Mama era dincolo. Nu voiam să-mi audă frica, ci curajul. Aveam din plin din ambele şi nu mai încăpeau în mine. Voiam să o salvez pe mama, dar nu ştiam de unde să încep. Dacă fericirea fusese puterea noastră de a nu ne lăsa prinşi de rău, acum răul se aşternea peste noi ca o furtună de nisip. Nu mai aveam unde să ne adăpostim.

Școala de vară

De-abia așteptam vacanța de vară. Învățasem deja că în liceu, când se întâmplă ceva care îți amenință reputația cu o pată care amenință să nu dispară niciodată, vara vine și vindecă. Până în toamnă uită toți. Ceea ce se întâmplase la Caragiale nu avea să treacă prea repede, dar măcar puteam să scot capul din valul ăla de ură și de *bullying* în care îmi trăiam fiecare zi și să iau o gură de aer care să mă țină încă un an, până când terminam liceul. Speram că ziua aia mă va prinde cu mama lângă mine. Aveam de gând să iau premiul I pentru ea. Ultimul an, ultima coroniță – să vadă că, dacă voiam, puteam. Doar că-n ultimii ani mă interesa mai mult să trăiesc în afara manualelor, așa că mediile îmi scăzuseră suficient de mult cât să le lase loc altora să ia premii, în timp ce eu preferam să iau orașul la pas.

Mama nu era mai bine. Renunțase la cobaltoterapie și lua niște pastile pe care i le prescrisese medicul. Avea dureri de oase despre care nu vorbea, pe care le intuiam când o auzeam oftând sau când o vedeam mișcându-se greoi. Mă ruga să o dau cu cremă de tătăneasă sau cu alte creme de plante. Paharele cu șpriț au început să dispară, vizitele la noi acasă s-au rărit și ele. Înainte, ai mei făceau o sărbătoare din orice zi. Veneau la ei finii și făceau grătare vara, de Sfânta Marie, de Lăsata Secului și alte sărbători pe care ei le știau și eu nu le-am știut niciodată după nume până când nu m-am străduit să mi le amintesc. Uneori sărbătoreau pur și simplu căldura. Dacă era vreme frumoasă, ieșeam repede în curte să facem un grătar, în timp ce câinele, un caniș negru pe nume Pufu, alerga bezmetic știind că trebuie să facă show ca să primească un os. Dacă era cald afară de ziua mea și a mamei, pe final de martie și început de aprilie, făceam un grătar și mâncam afară. Era o măsură a fericirii noastre: să mutăm masa dinăuntru afară, la soare, fără să mai avem nimic de ascuns, fără să ne mai fie teamă de nimic, fără pic de întuneric. Parcă eram un neam de șopârle, am fi stat în soare până la insolație.

Mama nu voia să o mai vadă nimeni și nu a mai chemat pe nimeni în vizită. Noi nu aveam curtea pentru noi: curtea era spațiul pentru ceilalți și era cea mai bună cameră a casei noastre. Ne bucuram mai mult de curte când ceilalți veneau la un șpriț. Când eram doar noi, curtea era un spațiu funcțional: întindeam rufele pe sârmă, uscam plante pentru ceaiuri, aveam găleți cu apă în care stăteau la odihnit sticlele de vin alb, agățam covoare de gard și le băteam, puneam pe jos oalele, plasele cu legumele care urmau să fie conservate, sticlele goale de plastic. În curtea asta mi-am petrecut ultima vară cu mama. E ăsta un spațiu bun pentru un final de poveste? Nu știu. Mama stătea la geam când îmi spunea cum să întind hainele pe sârmă. Înainte, le întindea ea. Repeta întruna ce face. *„Uite, mamă, hai să te-nvețe mama ceva. Când scoți hainele din mașina de spălat, ca să nu le mai calci, le scuturi bine. Uite-așa."* Ajunsă în punctul ăsta, mama a scuturat zdravăn un cearșaf, de parcă se lupta cu el. *„După, îi prinzi colțurile cu cârligele și, uite, ai grijă să nu fie prea jos sârma, că îl murdărești și* *n-ai făcut nimic, și... așa... îl prinzi. Gata. Ce, e greu?*" Acum țipa la mine să prind pantalonii de crac, nu de tur, ca să nu las urme de cârlige pe ei și să nu fie nevoie să-i calc. „*Deșteaptă mama asta*", mi-am zis eu în gând.

Mă surprindea să văd că avea un sistem foarte bine pus la punct, cu ajutorul căruia găsise scurtături ca să facă unele lucruri mai ușor. Mamele sunt cele mai inteligente ființe din lume. Asta e doar unul dintre secretele lor – au creat o cultură doar a lor și au găsit scurtături pentru a petrece mai mult timp cu noi, pentru a obosi mai puțin și a avea chef de povești, timp pentru griji și timp pentru joacă, timp pentru mâncare și timp pentru râs și timpul care nu încape pe ceas: timpul de a ne iubi în contratimp, când noi eram mici și enervanți și nu apreciam nimic. Mama m-a iubit, căldura asta mă ține în viață și acum. Am avut momente în care nu am crezut în mine, dar mama nu a avut nici măcar unul singur. Dacă eu am ajuns un om OK azi, e datorită ei. De fiecare dată când am simțit că nu mai pot, gândul că mama a crezut în mine m-a făcut să vreau să trăiesc în continuare.

Mama era antrenorul de lângă ring și eu eram Rocky. „*Mamă, haaaai, mă, mamă, uită-te și tu la cartoful ăla. Păi, așa cureți tu coaja aia? Nu vezi că ai tăiat jumate de cartof? Asta e risipă, mamă, risipă.*" Nu, coaja mea n-o să fie niciodată mai subțire când o curăț cu cuțitul. Noroc cu Ikea, c-au inventat aparatele alea pentru descojit pentru proști ca mine și acum chiar pot să curăț morcovii, nu să-i ciopârțesc. Mama lua îmbufnată cuțitul și-mi arăta ea cum se face și jur că părea că mai degrabă cântă la un instrument decât că ar curăța un cartof. Coaja se dezlipea ca un autocolant. Mie nu-mi ieșea.

Mama făcea ciorbă fără să mai asculte muzică. Avea nevoie să o ascult eu pe ea. Punea apa la fiert și începea să vorbească despre cum adăugăm legumele de-abia când apa fierbe, ca să le păstrăm vitaminele. Vorbele ei păreau o incantație budistă: le repeta des, avea mereu același ton, un ton blând, de parcă își vorbea doar ei înseși. Nu eram atentă la început. Dar cuvintele ei au devenit rapid un fel de alarmă. Când mama începea să le zică, le ziceam și eu în gând odată cu ea. *„Fierbe apa, pui albiturile. Ceapă, țelină, păstârnac. Aștepți să dea în clocot, pui morcovii. La final pui cartofii, că ăștia fierb cel mai repede. După, pui borșul, după ce dă în clocot, cu cinci minute înainte să oprești focu', pui verdeața, ca să n-o fierbi prea mult. Gata. Asta-i tot."* Mama m-a învățat să dau în clocot, să opresc focul la momentul potrivit, să nu fierb prea mult. M-a pus să exersez și să fac o ciorbă. A ieșit comestibilă, chiar dacă nimic nu era tăiat la aceeași dimensiune. Ea tot insista *„Taie în șase! În șase am zis! Hai, mă, mamă, uite ce mic e, cum să-l tai în șase?"* Am ținut-o așa toată vara, din cartof prost tăiat în cartof mai puțin prost tăiat.

Când nu a mai putut să calce, stătea pe canapea și îmi spunea ce să fac, cum să încep cu gulerul și cu manșetele, iar mâinile mele o ascultau și o urmau. Tot timpul, orice ar fi făcut, că era ciorbă, curat, spălat vase, spălat rufe, întins rufe, pus murături, făcut sarmale, mama vorbea cu voce tare, iar eu auzeam ce zicea ea și la un moment dat se petrecea ceva și nu mai știa doar ea ce e de făcut. Știam amândouă. Am început să ajut mai mult prin casă și a început să-mi fie foarte dragă mama. Spinii mi-au căzut.

Am vrut ca mamei să îi fie ușor cu mine. Îi era oricum greu cu toate emoțiile pe care nu ne lăsa să le vedem – să nu credem vreo clipă că ar fi putut păți ceva. Uneori am impresia că mama credea atât de mult că va fi bine doar ca să ne facă pe noi să credem asta. Dar ea știa că nu va fi așa. Nu făcea niciun alt tratament în afară de pastile, care erau, probabil, doar un paliativ – nu a făcut citostatice, nimic. Nici măcar tata nu știe dacă doctorii i-au zis că nu se mai poate face nimic sau dacă ea a refuzat tratamentul. Nimeni nu știe. Îmi spunea că va fi bine, dar că la un moment dat o să mă mut de acasă, așa că trebuia să știu să fac curat și să întind rufe ca să-mi ușurez munca. Iar eu o credeam, pentru că nu știam decât ce voia ea să știu. Slăbise, dar o vedeam zilnic și nu observam schimbări majore. Cred că ne obișnuim cu răul. Dacă e acolo în fiecare zi, nici nu mai știi că e rău. Nu-i căzuse părul, ba chiar putea să și-l dea după ureche. Mama își tunsese întotdeauna părul scurt, ca să îi fie mai ușor să-l aranjeze. Mai ușor. Mama lupta pentru *„mai ușor"*. Nu pentru mai mult, nu pentru a avea sau alte lucruri pe care și le doresc alții. Ea eficientiza ceea ce nu conta ca să se bucure mai mult de ceea ce conta. Familia.

În zilele în care era foarte cald și mama obosea, mă ruga să o dezbrac și să o mângâi pe spate, ca să îi mai iau un pic din durere. Stăteam așa, una lângă alta, ca două felii din aceeași pâine, iar eu îmi plimbam degetele pe spatele ei, așa cum făcea ea cu mine ca să adorm când eram mică. Se mărunțise. Era mai scundă decât mine. Părea un copil când o atingeam. Uneori îi citeam rugăciuni, sperând că o vor ajuta. În anul ăla ținusem tot postul Paștelui, mă rugam în fiecare zi și speram că vom primi dreptul la o minune. Dar minunile nu vin niciodată dacă le aștepți. Iar eu așteptam minunea aia zi de zi: ca mama să se ridice și să alerge vreo trei ture de curte. Am văzut-o goală, am văzut cicatricea pe care a lăsat-o prima ei luptă cu cancerul. Era o cicatrice imensă și dureros de brutală. Părea ceva definitiv, se încheiase un război acolo. Fusese marcată o nouă graniță în ființa ei. Părea o cicatrice lăsată de un fulger care trăsnește cel mai înalt copac de pe deal.

Trecuse prin mama o dată, iar acum se întorsese furios înapoi. Ea s-a îmbrăcat repede când a văzut că o privesc și s-a rușinat, dar mie corpul ei mi se părea în continuare feminin, chiar rubensian. Corpul unei mame este locul pe care numai copilul îl poate cunoaște atât de intim, iar mie îmi plăcea mult al ei. N-aș fi schimbat nimic la ea. Poate că și asta e o definiție a iubirii: momentul în care nu vrei să schimbi nimic la celălalt, dar vrei să te schimbi tu. Nu în sensul ăla prostesc, în care te prefaci că ești altcineva, ci în sensul în care vrei să faci niște lucruri mai bine.

Închidea ochii și speram că poate doarme, că poate se odihnește măcar puțin, că poate a sărit o secundă acul de pe discul durerii. Într-una din acele zile, m-a pus să scotocesc prin șifonier și să scot o pereche de pantaloni și o bluză și o pereche de pantofi, apoi mi-a zis: *„Dacă mor, așa vreau să mă îmbrăcați. N-o să fie cazul, evident, dar aș vrea să știi, pentru orice eventualitate"*. Eu i-am zis să nu mai vorbească așa, să înceteze cu prostiile astea. Alesese cele mai simple haine pe care le avea, niște haine negre. Știa că pe celelalte le vom da de pomană, pe cele bune. Câteodată, când oboseam și eu, stăteam la povești. Eram în camera de la mijloc, într-o lumină de apus de vară care se scurgea peste noi ca chihlimbarul. Îi simțeam mirosul pielii în nări. Sunt multe lucruri pe care nu-mi amintesc să i le fi zis, dar știu că le știa. Știa că o iubesc. Deși se chinuia și când voia să meargă la baie, venea în fiecare noapte să mă învelească, ca să mă păzească de țânțarii pofticioși.

În august am vrut să plec la nașa mea, în Suedia, cu autocarul. Pentru că eram minoră, aveam nevoie de procură de la ambii părinți. Mama a zis că vine la notar, că normal că mă duc, cum să nu mă duc? Am mers până acolo, două stații, cu taxiul, iar tata a lăsat mai mult bacșiș. Am luat liftul și mama s-a așezat, dar se vedea cât este de obosită. Transpirase și respira greu. Când a intrat în biroul notarului, s-a așezat ca să semneze și de-abia reușea să țină pixul în mâna care îi tremura din umăr. Către casă am luat un alt taxi. Taximetristul ăsta ne-a privit scârbit când a auzit unde mergem, iar eu am sărit cu o bancnotă de 10 lei pentru o cursă de trei ori mai ieftină. Tata s-a uitat urât la mine, dar n-a mai zis nimic, în timp ce mama se străduia să nu leșine lângă noi. În noaptea aia mi-am dat seama că trebuia să îi spun Andreei ce se întâmpla. Nu pentru că mama era rău, ci pentru că nu era mai bine și totuși trecuseră câteva luni de când aflasem ce boală are.

Nu mai știu cum i-am zis, dacă i-am dat un e-mail sau am vorbit la telefon, dar mi-am luat inima în dinți și i-am spus. M-am simțit de parcă o trădam pe mama. Mi se părea că dacă îi spun Andreei e ca și când aș recunoaște că există o șansă ca ea să moară, dar am făcut-o oricum. Șansa aia exista și se apropia de noi. Mama nu s-a supărat pe mine. Ne-am petrecut restul verii afară, în curtea în care singurul oaspete eram eu. Mă învăța să fiu și clasică, nu doar originală. Uscam rufe pe sârmă, făceam mâncare, călcam. Mama îmi arăta scurtăturile și-mi scurta propriile scurtături de parcă ar fi fost niște pantaloni prea lungi. Știa că dacă începea să-mi predea sau să mă oblige să fac toate lucrurile care țineau de casă, o să ajung să le urăsc. Așa că a început să le spună cu voce tare, dar în șoaptă, ca să mă facă să trag cu urechea, să mă concentrez și să rețin ce spune. Și a reușit perfect. Până la finalul acelei veri am învățat să fac tot ce știu să fac și acum. Atunci nu știam de ce anumite lucruri se făceau într-un anumit fel și de ce aveau sens într-un anumit fel. Acum știu, dar știu și altceva – mama făcea așa, asta mi-a arătat, asta fac și eu. În vara aia, mama a avut ochii negri, infiniți și înstelați. Stătea obosită în scaunul ei de plastic alb, îmbrăcată în rochiile ei înflorate de vară și fuma lent câte o țigară. Le rărise destul de mult. Avea pielea albă și netedă, iar cu ochii pescuia un gând greu, de foarte departe. Poate chiar din marea de care îi era dor și despre care nu vorbea. Nu am mai ajuns la mare în vara aia. Mama nu era marea. Mama era farul. Cel mai apropiat punct de pe uscat înfruntând pericolul valurilor gigantice, stătea neclintită în fața furtunii ca să ne lumineze pe noi. Nu ne-a zis că o doare decât atunci când corpul i-a devenit mai mic decât durerea.

Am înțeles că în vara aceea mama m-a învățat exact ce știa că și-ar dori un bărbat prost de la mine. Să calc, să gătesc, să spăl vase, să curăț. Mă cunoștea: știa că n-aș fi permis nimănui să mă folosească pe post de robot de bucătărie. Mama mi-a zis că merit tot. Și că pentru totul ăla pot să lupt cât vreau eu să lupt. Școala de vară e ultima mea vară cu mama, aia în care boxa cânta pe repeat *Somewhere over the rainbow*, iar noi nu fuseserăm nicicând mai bucuroase că suntem pe pământ, împreună. Mâncam fructe și aruncam sâmburii pe jos, râdeam, citeam ziarul, râdeam de cum mă împiedic, râdeam la jocurile de cuvinte ale mamei, care-mi zicea că am *freakyneloză*.

A fost cea mai grea vară din viața mea. A fost și cea mai frumoasă vară din viața mea. Vara în care mama mi-a predat cum să supraviețuiesc, pentru că ea urma să devină un alt fel de materie.

„*Naivă mai ești, mamă, oare când o să vezi lucrurile așa cum sunt?*”, mă întreba ea atunci, iar eu îi răspund: acum. În momentul în care scriu lucrurile astea, le văd pentru prima oară așa cum au fost. Le văd pentru că e prima oară când simt că dacă mă uit la ele așa cum au fost n-o să orbesc. Am crescut, iar timpul îți dă puterea asta. Mă uit la trecut și știu că n-o să mă orbească, pentru că am văzut destule până acum.

A venit Andreea

... era octombrie sau noiembrie. Din acel punct, mintea mea a refuzat tot ceea ce se întâmpla, iar amintirile s-au dizolvat unele în altele. Mama și-a rupt șoldul și nu se mai putea ridica din scaun. O mutam pe canapea. O mutam pe scaun. De ridicat, nu se mai putea ridica. „*Poți să-mi iei orice în viața asta, dar lasă-mă să mă mișc, să merg, să mă agit. Ia-mi orice, Doamne, dar nu picioarele.*" Asta îmi zicea mereu înainte. Cuvintele ei s-au înfipt în mine ca pioleții în versant, unul pe care îl urcam cu toții lent. Andreea a fost șocată când a văzut-o pe mama, dar n-a lăsat să se vadă nimic. Soră-mea ne-a găsit sperând și ni s-a alăturat în speranță. Îi făceam mamei sucuri naturale în fiecare zi, mă trezeam mai devreme special pentru asta. I le pregăteam de parcă erau pachețelul pentru școală, dar eu eram aia care pleca la liceu.

Andreea a zburat din Canada și înainte de asta a discutat cu prietenii ei apropiați despre ce am mai putea face. Era la fel de disperată ca noi, așa că sugestia ei a fost să o ducem pe mama la un schit din Suceava, unde trăia un călugăr despre care oamenii ziceau că face minuni. Am fost de acord atât noi, cât și mama. Ea a plecat cu tata la schit înainte ca Andreea să ajungă în țară. Eu m-am dus să o aștept pe Andreea la aeroport cu o rudă, iar de acolo am plecat direct la Suceava, deși călătorise peste ocean și era deja epuizată. Drumul a fost obositor, dar vesel. M-au luat peste picior, eram la vârsta aia pe care o trăiseră la rândul lor, dar păreau să se fi distrat mai bine. Adolescența încă nu mi se părea atunci suficient de importantă încât să merite atenție.

La schit, mama dormea pe jos, pe o saltea. Tata era cu ea. Se chinuiau să meargă la rugăciune, mama cu șoldul rupt și tata pe post de cârjă. Soră-mea adusese cu ea un scaun cu rotile – asta i-a ajutat atunci pe toți, pe mama cel mai mult. Puteau ajunge ușor la slujbe, rugăciuni, exorcizări, spovedanii. I-am lăsat acolo și m-am întors acasă, unde se stricase centrala, așa că am dormit în frig și nu am avut cum să mă spăl câteva zile. Încălzeam apă pe aragaz și o turnam în sticle de plastic. Dormeam cu ele între picioare fiindcă citisem pe net că zona e puternic vascularizată și că așa te poți încălzi cât să adormi. Chiar funcționează.

S-au întors și am decis să atacăm boala nu numai pe cale creștină, ci și pe cale medicală. Deși făceam toate lucrurile astea care par a fi apanajul unor habotnici, realizez acum că eram doar niște oameni dispuși să încerce orice ca să salveze pe cineva iubit, cineva care nu ne ceruse salvarea. Problema mea cu speranța noastră de atunci e că încetase să mai fie dorință și devenise datorie. Ne dedicam acestui sport periculos de dimineață până seară și eram convinși că mama poate fi excepția. Fusese toată viața ei excepția. De ce nu și acum? Relația noastră cu bisericile era mai degrabă o aventură decât o căsnicie. Mergeam să luăm lumină și uneori mama mai trecea și pe sub masă. Posteam doar câte o săptămână și ni se părea suficient. Mă rog, ei posteau, eu eram mică, așa că mă încurajau să mănânc carne și ouă și brânză. Posteau, dar fumau. Eu îmi spuneam rugăciunile seara, pentru că așa mă învățase mamaie. Recitam papagalicește și nu înțelegeam nimic din ce zic. Nici când am învățat Crezul pe de rost nu l-am înțeles, erau niște cuvinte grave și învechite și cam atât. Acum speram că Dumnezeu chiar iartă oile pierdute în cotidian și că va clinti lumea din loc pentru noi. Ne întorseserăm fața către El ca floarea-soarelui. Dar ne-am uitat prea mult la El și ne-a orbit. Nu am înțeles niciodată la ce ajută credința până în momentul ăsta: te face orb la ce ai în față și apoi îți spune că povestea continuă în altă parte. E ceva ce vrei să crezi foarte tare când iubești. Spunem că *„pierdem oameni"* de parcă ar fi obiecte, de parcă-i rătăcim și nu îi mai găsim. Spunem că *„sunt într-un loc mai bun"*, spunem că *„și-au găsit liniștea"*, dar tot ce știm cu siguranță e ce simțim noi și ce *trăim* noi. Călugărul de la schit i-a spus Andreei că mama nu va trăi, iar Andreea a făcut ce a crezut că e mai bine pentru mine, nu mi-a zis. O știam și noi, de fapt. Disperarea de atunci mă face să înțeleg cât de aproape de final ne părea a fi totul. Începusem prin a citi despre tratamente alternative și acum le puneam în aplicare. Andreea a plătit și un bioenergetician să ne încarce cu energie.

Când s-au întors la București, am chemat salvarea și am trimis-o la spital. Aș zice care, dar nu contează. Povestea noastră ține de oamenii care alcătuiesc sistemul medical, nu de sistemul medical în sine. După radiografii și analize, și medicii au ajuns la concluzia că șoldul mamei era rupt și că avea nevoie de operație, ceea ce, din nou, bănuiam deja. Urma să îi pună o proteză, iar ea avea să se recupereze și să meargă din nou. Știau că are cancer și au decis să o anestezieze epidural. În dimineața cu operația, soră-mea s-a dus în cabinetul doctorului și i-a dat o șpagă babană. Nu era singura, fusese coadă și înaintea ei, și după ea. Oamenii stăteau la coadă ca să dea șpagă. Toți angajații spitalului știau și toți închideau ochii. Când aveau ochii închiși, banii le intrau în buzunarele de la halate. Cu o zi înainte, eram amândouă la Centrul de Transfuzii Sangvine din București, pentru că refuzaseră să o opereze din lipsă de sânge. Reușisem să conving pe toată lumea pe care o știam să vină să doneze, iar oamenii chiar săriseră să ne ajute. Veniseră toți prietenii mei de atunci fără să stea pe gânduri, dimineața, adormiți, iar noi ne înarmaserăm cu apă, cola și Snickers, ca să ne asigurăm că nu le scade glicemia. Pentru majoritatea a fost prima oară când au donat sânge. Nu știu dacă ei mai țin minte. Știu însă că eu și Andreea n-o să uităm niciodată ziua aia de sâmbătă în care am aflat că, atunci când credința tace, încep să vorbească oamenii. Ne-au încurajat și ne-au luat în brațe. Nu ne-am mai simțit singure. Ne aveam unii pe alții și de partea noastră erau și toți ceilalți care ne iubeau. Ne-au spus ce aveam nevoie să auzim și singurele cuvinte pe care le puteam oricum auzi – „*O să fie bine, o să vedeți*". Iar noi ne-am dus la mama cu aceleași cuvinte și i-am povestit cum toți prietenii mei, de maximum 20 de ani, au venit să doneze sânge pentru ea și cum sângele ăla va funcționa ca un combustibil, pentru ca ea să se facă bine. A intrat veselă în operație, iar noi ne-am dus toți trei (tata, Andreea și cu mine) la Biserica Cașin, unde ne-am rugat. Ne-am rugat pentru același lucru, doar că Dumnezeu n-avea program cu publicul.

Mama a ieșit cu bine din operație și doctorii ne-au zis că se va recupera și că totul e în regulă. În zilele alea am stat prin spital cu ea. După operație au vizitat-o și prietenii care donaseră sânge pentru ea. Mama a râs cu ei, le-a mulțumit și le-a zis că deja se simțea mai bine. Citeam lângă patul ei de spital critică literară, când soră-mea stătea la povești cu ea. Uneori mă băgam și eu în seamă cu ele și ne prindea noaptea împreună. Venea asistenta să ne dea afară și plecam acasă, deși am fi dormit cu ea în spital dacă am fi putut.

Într-o seară, soră-mea și-a dat seama că nu avea bani pentru toată cursa cu taxiul, așa că i-a plătit taximetristului cât avea și am coborât înainte să ajungem la destinație. Afară ploua torențial și noi n-aveam umbrelă, dar am grăbit pasul și apoi am început să alergăm prin parcul care era în drumul nostru spre casă, să sărim prin toate bălțoacele, să ne înghiontim și să râdem ca doi copii, așa cum ne place nouă să facem. Andreea lăsase în România o soră de șase ani și găsise una de 17, care nu mai era atât de enervantă precum își amintea. Mie mi se părea că e foarte mișto ca om, că râde cu toți dinții, până i se vede omulețul în concert pe limbă, că e blândă și bună și zgomotoasă, ca să nu se prindă nimeni că de fapt nu e deloc așa. Am vorbit cu adevărat pentru prima oară – diferența de vârstă era mare, dar ne puteam înțelege. Soră-mea avea atunci vârsta mea de acum. Fumam împreună pe ascuns, să nu ne vadă tata, deși știa că ea fumează, dar o făcea ca să fumăm împreună. Mi-a povestit cum a fost pentru ea perioada în care eu eram mică, și când am pus laolaltă perspectivele mi-am dat seama cât de bine e să vorbești cu ceilalți despre lucruri pe care ai impresia că le știi. Cu cât ești mai sigur de lucruri, cu atât e mai bine să le discuți. Am simțit pentru prima oară că suntem surori, m-am văzut în ea și am văzut-o pe ea în mine. Asemănarea m-a bucurat, în loc să mă sperie. Acum, soră-mea era mișto și pentru mine – pentru ceilalți fusese mereu. Ne-am apropiat; aproape că ne-am lipit una de cealaltă. Am făcut cunoștință pentru prima oară după ce chimia noastră se stabilizase; izotopii nu mai erau radioactivi. Toți anii în care mi se păruse că n-o mai iubeam s-au întors să mă locuiască din nou și m-au făcut să-mi dau seama că mai încăpea iubire în mine, chiar dacă nu aş fi crezut. Mereu e loc pentru mai multă iubire, aşa cum mereu mai e loc şi pentru desert.

Am adus-o pe mama acasă. Nu se ridicase încă din pat, deşi încercase de mai multe ori. După operaţia aia nu s-a mai ridicat niciodată din pat. Îi puseseră sondă. A ales să stea pe canapea, în sufragerie, fiindcă acolo era televizorul. Ne ruga să îi aducem apă şi să i-o lăsăm la îndemână. Îi aduceam mâncarea la pat. Îi schimbam poziţia, ca să nu facă escare. Andreea a plecat chiar în săptămâna aia, iar eu m-am dus cu ea la aeroport şi am simţit că viaţa ne-a despărţit de parcă ar fi rupt colţul de restul pâinii. Mi-am înghiţit lacrimile. Am mers la baie, am tras aer adânc în piept şi mi-am potrivit masca la loc pe faţă. Nu mai ştiam sigur cine sunt, dar ştiam ce trebuie să par, iar ce trebuia să par n-avea legătură cu ce simţeam.

Am citit despre urinoterapie şi am încercat să o conving pe mama să-i dea o şansă, dar a refuzat. Era mai puţină cu fiecare zi. Mergeam la liceu, mă întorceam acasă şi mă aşezam imediat lângă ea, începeam să citesc, să învăţ sau să-mi fac temele. Eram într-a XII-a, urma să dau bacul şi nu voiam să las totul pe ultima sută de metri, aşa că o începusem din timp, ca să-mi controlez anxietatea cu privire la acest prag superimportant. Îi găteam fără carne, citisem că proteinele favorizează dezvoltarea tumorilor. Îi făceam legume la abur şi i le serveam aproape fără gust. Ne uitam împreună la televizor, îi aduceam apă, o mângâiam. O femeie din cartier venea să ne ajute să o spălăm, să îi facem masaj, să o întoarcem pe toate părţile – nouă ne era teamă să o atingem, ni se părea că e la fel de fragilă ca un fulg de zăpadă. Însă baba asta, care semăna cu Popeye, nu o iubea pe mama. Nu se temea să o atingă aşa cum ne temeam noi. Serile stăteam la povești pe mess, mă băgam în pat, citeam, adormeam, visam urât sau nu visam deloc. Umbra aia care fusese mică devenea din ce în ce mai mare și nimic din ce făceam nu reușea să o intimideze. Nici rugăciunile, nici tratamentele alternative, nici speranța, nici muzica pe care o ascultam la maximum, sperând că așa n-o să mai aud adevărul.

Nopțile mă trezeam din senin. Mergeam pe vârfuri până în sufragerie, unde dormea mama, ca să verific dacă mai respiră. Uneori mi se părea că nu, așa că îmi țineam respirația și priveam mai atent ca să văd dacă i se mișcă pieptul. Ochii mei se obișnuiau cu întunericul și puteam să-i disting conturul mișcându-se. Așa a fost toată perioada asta – o vreme în care ochii noștri s-au obișnuit cu întunericul. Porumbelul dintre coastele ei se zbătea din ce în ce mai puțin. Mă întorceam la mine în cameră și plângeam pentru că aș fi vrut s-o iau în brațe și nu mai puteam, pentru că aș fi vrut să mă duc să îi zic ce simt și nu puteam să-i vorbesc ei despre ea însăși. Aș fi vrut să vorbesc cu prietenii mei despre asta, dar nu puteam. Cuvintele făceau front comun în gura mea și nu voiau să iasă. Vorbeam doar cu Andreea. Vorbeam cu Andreea după ce mama vorbea cu Andreea, ca să-i spun Andreei adevărul, nu ce îi zicea mama – îi promisesem că nu o să îi mai ascund nimic. Când n-am mai putut să ascund adevărul nici de mine însămi, i l-am zis și ei.

O zi mai târziu

Noaptea de Ajun m-a prins pe o stradă care semăna mai degrabă cu o uliță, cărând un brad cât mine de înalt prin zăpadă. Bradul era greu, acele îmi înțepau degetele. Îl târam după mine de parcă fugisem de la locul unei crime și mă străduiam să nu las nicio urmă. Stabiliserăm în familie că anul acela nu o să mai cumpărăm brad, ca să nu încurajăm masacrul pe care îl făceau de sărbători și să nu ne mai simțim complici, când vedeam toate știrile cu brazi abandonați după Anul Nou. Am ornat casa, am aprins beculețele (care rămâneau acolo și vara, dar stinse), am făcut toate felurile de mâncare specifice Crăciunului, inclusiv sarmale. Am stat cu mama, despre care am înțeles că nu avea să se mai ridice niciodată din pat, pe canapeaua din sufragerie. Acolo m-a învățat să rulez sarmale, să potrivesc carnea în căușul palmei, să călesc orezul și ceapa suficient cu o linguriță de suc de roșii. Am aranjat sarmalele împreună în oală și ne-am minunat toți când au ieșit bune – ea a trebuit să ne creadă pe cuvânt, fiindcă nu o mai lăsam să mănânce carne. Pe seară, când zgomotul a plecat și el să se odihnească, mi-am dat seama că e foarte probabil să fie ultimul Crăciun pe care-l facem împreună ca familie, în formulă completă.

Mi-am luat banii de alocație, m-am încălțat și m-am îmbrăcat și am plecat în piața 16 Februarie ca să cumpăr brad. Nu voiam să-mi petrec ultimul Crăciun cu mama fără brad în casă. Afară era întuneric și zăpadă până la genunchi, undeva pe la nouă seara, în Ajun, dar mă gândeam că o să găsesc măcar un brad aruncat la gunoi și-o să-l iau și pe ăla dacă e nevoie. Voiam de fapt un brad frumos ca un ultim „te iubesc", pe care să-l iau de la un bișnițar care a stat până târziu, sperând că vor fi mai mulți rătăciți ca mine. Dar eu eram singura.

Pe drumul ăla am înțeles întocmai expresia *„îmi car singură crucea"*, pe care mama o folosea când vorbea despre viața ei. Expresia asta surprindea perfect înfiorătoarea ei încăpățânare de a se însingura, crezând că nu o putem ajuta cu nimic și dorindu-și să nu ne întristeze sau să ne apese cu povara vieții ei. Căram bradul și făceam ce făcuse mama toată viața ei: ieșisem din casă fără să le spun alor mei ce gândeam, iar acum mă descurcam singură cu ultimul nostru Crăciun împreună. Îmi doream să fie perfect și aveam nevoie de brad.

L-am pus în sufragerie și l-am decorat împreună, iar eu m-am liniștit. Cred că a fost primul an în care ne-am minunat toți de cât de frumos era ceea ce trăiam împreună. Tristețea era podul palmei, noi eram degetele. Plângeam fiecare pe ascuns, de teamă să nu-i molipsim pe ceilalți. Ne trăiam durerea pe rând, fiindcă era mai ușor așa. Mama respira din ce în ce mai greu și mi-era frică să intru noaptea să verific dacă mai e cu noi, dacă încă n-a plecat. Când frica asta a început să mă înece, i-am scris Andreei și am rugat-o să vină la primăvară – atât credeam că o va mai duce mama sau de atât timp mai aveam eu nevoie ca să-i dau drumul. Era 5 ianuarie când i-am scris, iar ea a ajuns în țară pe 13 ianuarie, cu o zi mai târziu.

Mama murise deja în brațele noastre, cu o seară înainte. Era sâmbătă.

În ultima ei săptămână, mama a sunat pe toată lumea ca să-și ia rămas-bun, fără să zică nimănui unde pleca. În ultima ei săptămână, mama a stat de vorbă cu toți oamenii pe care îi iubea și care însemnau ceva pentru ea și le-a lăsat drept amintire o ultimă conversație care să-i ajute să privească înainte. Era din ce în ce mai slăbită și mânca din ce în ce mai puțin. Pentru că mâinile îi oboseau repede, ținea telefonul fix între ureche și umăr și vorbea, vorbea, vorbea. Îi dădeam mai multă morfină, numai asta îi mai putea alina durerile. Nu-i zicea așa, ci pe numele de medicament, MST, dar știam toți ce erau pastilele alea. Cu mine mama vorbea din senin, vocea ei se spărgea în gândurile mele. *„Mamă, tu să-l lași pe tac-tu să se recăsătorească. Să nu fii încăpățânată, că e greu să fii singur la bătrânețe. O să ai familia ta, copiii tăi, tu o să reușești orice ți-ai pune în cap. Tu sigur o să fii bine. Dar pentru el mă tem."* Cuvintele astea m-au ciuruit. M-am enervat și i-am zis să nu mai spună asta, dar, pentru prima oară, mama n-a mai zis că vorbea pentru orice eventualitate. Mama știa că nu mai are mult.

Cu trei zile înainte să moară, m-a chemat să vorbim. *„Aseară am visat că mă suiam într-un brad ca să culeg struguri albi. Strugurii albi sunt lacrimi, mamă. Iar bradul înseamnă viață, dar înseamnă și moarte. Lacrimile astea vor curge pentru mine, să știi."* Am înțeles ce îmi zicea, așa că am continuat să stau lângă ea toată ziua, să citesc pe fotoliu, să rămân trează noaptea – speram că Morții nu îi plac musafirii, că, dacă eu veghez, nu mi-o poate fura nimeni. Înainte să-mi spună asta, mama îmi zisese că nu îi e frică de moarte, fiindcă-l regăsise pe Dumnezeu, iar eu m-am bucurat că dintre toți cei care îl căutaserăm ea era cea care îl găsise. În ultimele ei trei zile, mama nu a mai mâncat nimic. Ne rugam de ea să bea măcar zeama de la supă. Nu cerea decât apă, apoi adormea la loc, din ce în ce mai departe, acolo, între noi.

A murit pe 12 ianuarie, în timp ce îi pansam o rană, în brațele mele, ale tatălui meu, ale Elenei, verișoara mea. Eram doar noi și o zăpadă nesfârșită, ca o coală albă. Dumnezeu dăduse pagina pentru noi. Nu am crezut niciodată în legăturile nevăzute dintre oameni, dar am simțit exact secunda în care mama a murit. Am simțit-o când s-a desprins din mine. Cearșaful ăla din care eram făcute amândouă s-a rupt; ecoul despărțirii noastre m-a asurzit. Am scheunat de durere fără să mă pot abține – tata era cardiac și nu voiam să pățească ceva. Verișoară-mea mi-a pus mâna la gură ca să mă liniștesc. Tata s-a dus în camera din mijloc și a început să se dea cu capul de oglindă și să plângă. S-a întors lângă mama, a început să o mângâie și să-i vorbească – „*Mimișorul meu, te rog, hai înapoi*". Eu am sărit de pe canapea și am sunat la salvare. Am sunat la salvare de cinci ori, în timp ce așteptam îi făceam mamei masaj și speram că poate salvarea chiar o va salva. A cincea oară, când i-am zis dispecerei că mama moare, femeia mi-a răspuns „Odihnească-se-n pace" și eu mi-am dat seama că salvarea uneori vine doar ca să constate ireversibilul. Nu știu exact ce suntem noi, oamenii, dar în seara aia mi s-a părut că suntem sclipiri. Sclipirea care a fugit prima din ochii ei și care a lăsat în urmă o privire opacă și atât. Ea era sclipirea aia, energia aia grăbită, scânteia aia care, în joacă, ajungea să mistuie oamenii. Câinele a intrat peste noi în cameră când m-a auzit țipând și a început să o lingă pe mama pe mână.

După ce a plecat doctorul, am început să sun oamenii și să le dau vestea. Am sunat-o pe Andreea, care se întorcea de la muncă și care a aflat când a ajuns acasă, am sunat-o pe sora mamei, care urma să-i spună lui mamaie, am sunat prieteni de familie, i-am sunat verișoarele. Pe cât a vorbit mama cu ei în ultima săptămână, tot pe atât am vorbit și eu cu ei atunci, când și-au dat seama ce însemnase de fapt acel telefon din partea ei. La un moment dat, telefonul a sunat. Era profa de română, pe care o iubeam foarte mult, care voia să știe dacă sunt bine. Telefonul ei m-a răscolit. În momente ca ăsta, mintea noastră reorganizează realitatea astfel încât să ne permită să supraviețuim.

Faptul că profa m-a sunat însemna că mama nu numai că ajunsese (unde altundeva dacă nu la Dumnezeu?), ci că deja își trimisese solii să mă protejeze. Poate că profa mă sunase pentru că vorbeam des și pentru că simțea din ce îi ziceam, chiar și așa, indirect, că sfârșitul ne dă târcoale. Și, de fapt, realitatea reală, nu cea scornită de mine ca să supraviețuiesc, este ceea ce face din profa mea de română un om minunat, care reușea să-și vadă elevii așa cum sunt, să creadă în ei așa cum sunt și să fie lângă ei când simțea că au nevoie. În toate lunile în care mama fusese bolnavă, profa de română îmi dădea să citesc literatură pentru olimpiadă, fiindcă asta voiam eu. Plecam de la ea cu geamantane de cărți pe care le căram până acasă prin troleibuze, prin ploi și printre câini vagabonzi. Rolul ei în viața mea îmi fusese clar încă din clasa a IX-a și a devenit și mai vizibil în acel moment. Ce vreau să zic este că am asociat acel telefon cu o întâmplare divină și că nu era nimic divin în acest telefon decât profa de română, care este, fără doar și poate, cel mai bun profesor pe care l-am întâlnit vreodată. Credeam că aveam nevoie de divin ca să supraviețuiesc. De fapt, aveam nevoie de oameni.

În seara aia a venit la noi Gabi, cumnatul Andreei, și ne-a ajutat cu actele și cu pregătirile. A venit și vecina care o îngrijea pe mama. Am adormit ciudat, cu mama în sufragerie, dormindu-și somnul cel de veci, și noi în camerele celelalte, printre picături coșmarești. Îmi doream sincer să nu mă mai trezesc nici eu. Nu-mi imaginam viața fără mama, mi se părea că nici soarele nu o să mai vrea să răsară. Am sperat că a doua zi o să fiu un bebeluș care nu își mai amintește nimic, dar dimineața a venit cu lumina ei crudă și rece, ca un general care-ți spune că, deși vrei să mai dormi, ești în război; iar noi ne-am supus. Am robotit. Ne-am dus să cumpărăm lucruri, să aducem lucruri, am îmbrăcat-o pe mama, am oprit căldura, am vorbit la biserică. Obiceiurile sunt gândite să te țină ocupat. După-amiază am mers să o iau pe Andreea de la aeroport, ne-am îmbrățișat și nu am fost în stare să ne spunem nimic. În ziua aia au ajuns și rudele mamei, cu mamaie și sora ei, verișorii cu soțiile și copiii, prietenii mei. Adelina, cea mai bună prietenă a mea, și părinții ei au fost acolo încă de dimineață, am mers cu ei la magazine și am cumpărat de-ale gurii pentru priveghi, am luat banda neagră de pus în piept, prosoape și batiste.

Înmormântările sunt un fel de circ foarte macabru. Femeia care o îngrijea pe mama a stat cu cel care a îmbălsămat-o și, când a ieșit din cameră, probabil ca să mă facă să mă simt mai bine, mi-a zis că mama avea o păsărică foarte frumoasă. Dintre toate lucrurile pe care le putea spune, a ales să spună asta. Nu știu de ce. Îmi amintesc, deși aș fi preferat să uit. Când a venit preotul acasă era atât de beat încât i-a pus pe oameni să facă veșnica pomenire cu coșciugul. Am asistat și la acest moment, în care 30 de oameni săltau un coșciug în mijlocul sufrageriei, deși știau că asta nu se face decât cu coliva, după înmormântare. Nimeni n-a vrut să-i conteste preotului relația cu divinitatea, așa că nimeni nu a zis nimic. Eu am stat în prag și i-am privit și mi-am dat seama că omul ăla beat intrase cu bocancii în durerea noastră și ne făcuse să ne mai fie și rușine de incapacitatea noastră de a-i spune *„Nu, nu o să luăm coșciugul ca să-l săltăm, nu vrem"*. În fața religiei nu există decât un singur răspuns, iar ăla e *„da"*.

Oamenii mi s-au împletit în minte ca țesătura unui pansament, au venit toți și ne-au încurajat, au băut cu noi, au fumat cu noi. Curtea era plină și ziua, și noaptea. Am vegheat-o toți pe mama, în casa în care acoperiserăm cu cearșafuri și pături toate oglinzile. Serile mă retrăgeam cu soră-mea în patul meu de o persoană în care dormeam ca doi gemeni în aceeași burtă, gemenele aceleiași pierderi, aceleiași absențe. Ne țineam în brațe până când adormeam. Îmi mângâia părul și se pregătea să îmi devină mamă. Pentru că asta a fost Andreea pentru mine până când am terminat facultatea. Mamă. La înmormântare au venit toți colegii, inclusiv colega care îmi spusese că mama o să moară. Aș fi vrut să fac urât, dar am luat florile și i-am mulțumit. Mama murise și ea nu părea cu nimic mai fericită. În ziua aia, în față la Caragiale, rana ei se căscase și țipase la mine. Nu ea, durerea ei. Am aruncat bănuți, am stat la slujbă în biserică, unde am crezut că o să mă prăbușesc. Când i-am văzut Adelinei ochii înlăcrimați, evitând să mă privească, am mai găsit în mine niște putere să rămân în picioare. Am crezut că mamaie n-o să reziste la înmormântare. Gândindu-mă la cât de tare ne durea pe noi și cât insistase mama să ne spună că asta e ordinea firească a lucrurilor, ca părinții să moară înaintea copiilor, când o vedeam sfâșiată, ca o stâncă peste care trecuseră toți anii universului, îmi venea să plâng și mai tare. Era zgomot și forfotă și slujbă și jerbe și oameni care îi urau drum bun și claxoane și plânsete și rugăciuni care se izbeau de cer și cădeau înapoi pe pământ. Erau sunetele furculițelor care se izbeau de farfurii la parastas, oamenii care mai cereau un pahar cu vin, eram noi care întrebam oamenii dacă mai vor o porție. În zgomotul acela era viață.

În liniștea de acasă am întâlnit prima oară moartea. Mii de pași făcuseră din zăpadă un covor cu model. Câinele nu o găsea pe mama, așa că schelălăia din senin, de parcă se certa cu cineva. Agățasem o cană cu apă de jgheab, ca sufletul ei să vină și să-și stingă setea. Andreea a plecat, iar eu cu tata am descoperit că nu ne vorbiserăm niciodată cu adevărat, așa că liniștea a început să locuiască cu noi în casă, ca un spațiu negativ într-un colaj.

Gura

Până acum nu am folosit niciodată cuvinte pentru a spune toată povestea mamei, devenită povestea mea. Am transformat-o în telegramă, ca să nu ocupe prea mult spațiu și să nu le ofer celorlalți o invitație la păreri. „*Mama a murit când aveam 17 ani. E OK, nu aveai de unde să știi. Acum sunt bine. Serios, chiar sunt OK.*" Oamenii insistă să îți spună că le pare rău și asta te pune pe tine în ipostaza de a le da validarea de care au nevoie cu un „*mulțumesc*". O spui mecanic, până când înțelegi că oamenilor tăcerea li se pare nepoliticoasă, chiar și când e singurul lucru de care simți că ai nevoie, chiar și când ei nu au nimic de zis. După ce a murit mama, îmi doream tare mult ca universul să tacă un pic, ca să mă prind în ce direcție să fac primul pas.

La o săptămână de la înmormântare m-am întors la școală. Simțeam ochii colegilor urmărindu-mă de parcă eram un animal sălbatic, le vedeam mila în pauze și în gesturi, îi surprindeam când evitau să spună „*pizda mă-sii*" sau „*du-te-n mă-ta*", care erau la ordinea zilei printre bănci. Mă îmbrăcam în negru, deși nu voiam asta. Mama ne spusese, ca să nu zic că ne ordonase, să purtăm culori vii și să nu ne îmbrăcăm în negru după ce ea n-o să mai fie. Pe negrul hainelor mele, privirile se prindeau ca scamele albe. Tăcerile deveneau șușoteli când întorceam spatele. Purtam doliu pentru că așa îmi spuseseră rudele, rude care se întreceau în cât vor purta acel doliu – trei luni, șase luni, un an? Când un om moare, până și doliul hainelor tale devine o dovadă a faptului că l-ai iubit. Iubirea mea avea altă culoare.

Mă străduiam să îmi reiau viața chiar și-așa, cu o bucată consistentă din mine amputată, dar lumea din jur se încrâncena să mă pună la locul meu și să nu mă mai lase să ies de acolo. Profesorul de istorie a vrut să mă asculte, dar când și-a dat seama că sunt fata despre care se vorbea în cancelarie, a cărei mamă a murit, s-a răzgândit. A trebuit să insist, să îi spun că eram pregătită, să îi argumentez de ce eram bine. Abia apoi m-a lăsat să răspund. În altă oră, profesoara de filosofie a exclamat un sincer *„Tu ești fata căreia i-a murit mama!"* când striga catalogul, iar eu uitasem pentru câteva secunde că sunt fata aia, fiindcă răsfoiam la rândul meu un catalog Avon pe sub bancă. M-am prins atunci că asta era cutia în care voiau toți, chiar și fără să-și dea seama, să mă înghesuie. Urma să fiu *„fata căreia i-a murit mama"* când eram cu toții într-a XII-a.

Am înțeles multe atunci. Mila, spre deosebire de empatie, este condescendentă. Când oamenilor le e milă de tine e pentru că ei au în continuare ceva ce tu nu vei mai avea niciodată. Mila e un sentiment foarte perfid. Te face să te simți superior celuilalt, te plasează undeva deasupra, în timp ce îți întreține iluzia că ești un om bun și că îți pasă. N-aveam cum să resping mila, mai ales când era simțită, nu declarată în mod direct, așa că soluția mea a fost să mă comport cât de normal puteam. Mila îi ajuta pe ceilalți să se simtă bine față de ei înșiși și nu avea nicio legătură cu mine. Mi-am tradus asta în *„nu vorbi despre* *ce s-a întâmplat"*, pentru că am auzit de foarte multe ori spunându-se în jurul meu *„dacă vorbești despre asta evident că îți pasă, degeaba zici tu că nu"*. Părea că oamenii mă întreabă ce s-a întâmplat doar ca să-mi spună că le pare rău, iar când voiam să las durerea să iasă din mine și să spun mai multe, îmi închideau gura. *„Așa a fost să fie, așa a vrut Dumnezeu. Lasă, nu te mai gândi, poate e mai bine așa, măcar nu mai suferă."* Nu voiam să las pe nimeni să vadă că mă doare, deși gândul îmi fugea mereu la rana aia căscată din pieptul meu prin care se vedea infinitul. Sau nimicul, că și nimicul e infinit. În primele zile de după moartea mamei simțeam nevoia să stau cu mâna pe inimă, ca să mă asigur că partea aia din mine n-o să se topească și n-o să se scurgă prin interiorul meu.

Mă simțeam vinovată de fiecare dată când zâmbeam. Fiecare zâmbet însemna că eu continui să trăiesc, iar mama, nu. Dacă aș fi putut, mi-aș fi șters gura de pe față doar ca să nu mai vorbesc, să nu mai zâmbesc, să nu mai folosesc cuvintele pe care le folosea ea. Le auzeam rostite de alții și nu-mi venea să cred cât de tare mă dor. Se înfigeau în mine din senin, ca niște cuțite ascuțite. Ca să nu renunț de tot la realitate mergeam cu cea mai bună prietenă a mea la un vin fiert dimineața, într-un bar de lângă școală. Îi povesteam ce simt, cum mă doare, iar apoi stăteam așa, în tăcere, fără să ne zicem nimic. Ea era unul dintre puținii oameni care înțelegeau nevoia mea de spațiu, nevoia de a nu mai auzi *îmi pare rău* la fiecare pas. Ajungeam doar la orele de română sau la cele de engleză, materiile care ne interesau la BAC. Profesorii se făceau că nu văd absențele, iar noi chiar nu-i vedeam deloc la ochi. Când ajungeam acasă, tata era la muncă. Începeam să plâng și să zbier de durere în sufragerie. O făceam cu geamurile închise, ca să nu mă audă nimeni. Nu voiam să știe nimeni. Plângeam până cădeam în genunchi. Plângeam până când de-abia mai puteam să respir sau să țin ochii deschiși. Îmi îndreptam revolta către tavan. Părea că mă rog, îmi lipeam fruntea de covor și plângeam. Plângeam până când simțeam că nu mai e niciun strop de apă în mine. Mergeam la baie să mă spăl pe față, iar lacrimile păreau că își regăsiseră izvorul și o luam de la capăt. Mă cuibăream pe jos cu genunchii la piept și mă ridicam de acolo când se apropia ora la care tata se întorcea de la muncă. Zăceam în pat câteva ore, așteptând să mi se dezumfle ochii ca să nu vadă tata. Nu voiam să-mi vadă fața umflată și plânsă, voiam să vadă că-s puternică. Voiam să-l protejez de durerea mea. Voiam să-i protejez pe toți de durerea mea, o gură imensă și întunecată care părea că o să mă înghită. Voiam să mă înghită doar pe mine. Vecina mi-a spus la un an distanță că mă auzea plângând și urlând în casă și că plângea și ea cu mine. Ar fi vrut să vină să mă ia în brațe, dar știa că n-avea ce să-mi zică. Stătea în camera lipită de sufrageria noastră și plângea la unison cu mine. În toate zilele alea, eu speram că dacă durerea mea n-are public va înceta să mai cânte atât de tare în mine.

Peste ceva vreme, ruptura din mine, pe care insistam să o ignor gândindu-mă că așa va dispărea, a sfâșiat materialul din care eram făcută. Am început să sufăr de ceva care n-avea nume. Mă simțeam străină în propriul corp, mă uitam la mine și nu-mi recunoșteam fața. Îmi vedeam mâinile în afara conturului lor. Mă simțeam ca o schiță dintr-o carte de colorat care ajunsese la un copil netalentat. Pe vremea aia nu existau filme 3D, dar senzația pe care o aveam era că mă uit la mine însămi ca la un film 3D, doar că fără ochelari. Nu am zis nimănui despre asta, pentru că așteptam să treacă de la sine, așa cum venise, fără vreo invitație din partea mea. Nu am zis nimănui, pentru că nu voiam să știe nimeni. Suferеam după mama precum câinele nostru; amândoi ne pierduserăm stăpânul. Mama nu mă controlase niciodată. Ba din contră, îmi dăduse ceva cu mult mai mişto decât adidaşii de firmă pe care mi-i doream. Îmi dăduse libertatea. Doar că ea era punctul meu fix din univers. La ea mergeam când mă durea. Acum, când mă durea din cauza ei, nu aveam spre cine să mă îndrept. Îi scriam soră-mii e-mailuri lungi, dar nu reușeam niciodată să îi spun tot ce simt. În timp ce scriam, mi se părea că nu fac decât să adaug straturi noi peste durerea ei și știam cât de tare o doare deja. Așa că m-am izolat înăuntrul meu. N-am mai vorbit și nici nu voiam s-o mai fac, pentru că ceilalți nu aveau ce să îmi zică. Îmi dădeau răspunsuri, dar întrebările mele erau altele. Mă întrebam de ce mama. Mă întrebam de ce atunci. Mă întrebam de ce nu a mai trăit să mă vadă intrată la facultate – zicea mereu că asta era cea mai mare dorință a ei, să mă vadă devenind prima femeie din familie cu facultate. Mai era atât de puțin, mai erau doar șase luni. Mă întrebam de ce nu murisem eu în locul ei. Mă întrebam unde era Dumnezeu când îl tot sunam și nu răspundea. Oare stătea la șprițuri cu alte familii? Erau alții care aveau nevoie de el mai mult decât noi?

Toate gândurile astea se izbeau obsesiv de dorința mea de a fi ancorată în realitate – mama nu mai era. Toate visele în care apărea deveneau coșmaruri. Știam și-n vis că mama murise, nici măcar acolo nu puteam să scap de viața de zi cu zi. Ăsta era singurul adevăr pe care nu mi-l ascundeam. Reușisem să rătăcesc în mine durerea care își făcea de cap și să las la vedere un zâmbet bătut în cuie pe obraji. Zâmbeam de fiecare dată când cineva îmi vorbea, zâmbeam în gol, zâmbeam pentru că nu voiam să fiu *fata căreia i-a murit mama*. Zâmbeam, pentru că așa îi făceam pe oameni să creadă că sunt bine. Cu cât zâmbeam mai mult, cu atât mă alienam mai tare. Aveam să aflu mai târziu că nu mi-am imaginat nimic din ce simțeam. Sufeream de depersonalizare. Îmi scosesem din priză emoțiile ca să nu-mi bubuie siguranțele. Mă disociasem de tot, de toți. Îmi spuseseră să nu mai vorbesc despre asta și nu mai vorbisem despre asta nici măcar cu mine însămi.

Eram în schimb extrem de atentă și de conștientă. Știam că mi se oferise scuza perfectă ca să-mi bat joc de viața mea dacă voiam. Puteam să dau vina pe moartea mamei pentru orice. Puteam să mă rad în cap, să-mi scuip profesorii, să fac tămbălău, să cerșesc înduplecare când n-aveam chef de scris eseuri, puteam să pic BAC-ul, să mă înhăitez cu șmecherași. Știam că toți se așteptau la asta. Știam că toți credeau că le voi confirma așteptările. Nu mi-o ziceau în cuvinte, dar le puteam citi în privire gândurile: *„Mă aștept să te pierzi cu totul și e de înțeles, pentru că mama ta a murit când aveai 17 ani".* Privirile astea, în mod paradoxal, m-au motivat. E interesant ce face mintea ta când ai nevoie să supraviețuiești. Se agață de tot ce poate prinde, ca să nu te prăbușești în gol.

M-ar fi ajutat ca tata să-mi fie aproape, dar moartea mamei l-a împins și mai departe de mine. Era acolo, dar era acolo doar pentru el. Pentru că nu se implicase niciodată în creșterea mea sau a soră-mii, deveniserăm doi colocatari. Ne-am dat seama că n-aveam multe lucruri în comun și că eram prea diferiți ca să fuzionăm vreodată. Durerea de a o pierde pe mama ne-a prins și ne-a tot lovit pe rând, până nu am mai putut să ne ridicăm. A început să se vadă tot ce era mai rău și mai urât în noi. El și-ar fi dorit să fi murit eu, mi-a și zis-o. Eu îmi ziceam că a murit părintele greșit. Nu doar am gândit-o, dar ne-am spus-o până când am devenit o piatră unul pe inima celuilalt. Soră-mea era în Canada. Dar a făcut ceva esențial: a avut încredere în mine și m-a ascultat cât de mult a putut, cu toată diferența de fus orar și viața care ne bate pe toți, dar care nu bate niciodată pasul pe loc. Acasă, singură. La școală, singură. În mine, singură.

Am decis că moartea mamei va fi doar o parte din povestea mea. Am ales să nu fiu *fata căreia i-a murit mama*. Dar în primă fază alegerea a fost corectă și mijloacele greșite. Pentru că, atunci când am ales să tac și să nu vorbesc despre ce mi se întâmpla, durerea a început să mă înnebunească. Nu mai simțeam nimic și nimic nu mă mai impresiona. Lumea se găurise și prin găuri i se scursese tot sensul. Nu mai avea sens dacă trăiam, iar dacă muream urma să o văd pe mama, deci o parte din mine își dorea mai mult asta. Voiam să mor pentru că durerea mă mânca de vie. Am crezut cu adevărat că sunt singură. Am crezut că nu e nimeni care să mă poată înțelege. Am crezut că n-o să ies niciodată din camera aia. Mă încuiasem singură în ea și depersonalizarea înghițise cheia.

Am făcut singurul lucru pe care l-aș fi putut face: m-am luat cu altele. Nu aveam bani de niciunele, dar aveam cărți. Așa că am continuat să citesc. Zi de zi, și în fiecare oră în care nu plângeam, citeam. Nu pentru că mi-ar fi plăcut. Ci pentru că nu știam ce altceva să fac ca să mă îndepărtez un pic de durere. Nu voiam droguri, nu voiam alcool. Știam că acel drum e descendent, iar eu eram deja la fund. Nu aveam de ce să mă duc mai jos. Așa că citeam ce prindeam, de la etichete de șampon la clasici, fără să știu ce mi-a plăcut și ce nu. Supraviețuirea nu înseamnă că zborul e lin, înseamnă doar că avionul nu se prăbușește. Mi-e clar că nu am reținut mare lucru din cărțile de atunci, dar, când mintea mea se concentra la cuvinte, eu puteam să respir. Nu mai respirasem de mult.

Am ajuns la olimpiada de română pe școală la 12 zile după ce mama a murit. Trebuia să comentez un citat despre Bacovia. Era un citat despre cum Bacovia este singurul poet care a coborât în iad și s-a întors înapoi ca să scrie despre el. Eu eram în iad deja. Fiecare zi era iadul. Și-n fiecare zi se întâmpla totuși ceva care mă făcea să zâmbesc, chiar dacă fiecare zâmbet sincer mă făcea să mă simt vinovată că trăiam. Era întuneric în fiecare zi, dar în fiecare zi lumina se strecura pe sub ușă ca să-mi aducă aminte că viața e tot acolo și că mă așteaptă. Știam că lumina era aprinsă în cealaltă cameră, așteptând momentul în care urma să găsesc în mine puterea să ies de unde sunt. Frica se făcuse mare, mai mare decât mine, și mă privea de sus. Devenise restul vieții mele.

Am vrut să ies de acolo. Din întuneric, din tiparul în care ceilalți mă forțau să exist, din liniște. Tot ce mai trăia în mine a erupt în scris. I-am urat lui Bacovia să se ducă în *pizda mă-sii* și i-am acuzat poezia de ipocrizie. Viața nu putea să fie doar întuneric. Dacă lumina ajungea în iad, unde eram eu, atunci ajungeam și eu la o ieșire. Trecuseră 12 zile de când murise mama când m-am hotărât că mai vreau să trăiesc puțin, ca să văd ce se întâmplă în continuare. Eram departe de a mă vindeca, dar ăsta fusese primul meu semn de viață de când murise ea. Tăceam în continuare și nu înțelegeam că, dacă cineva trebuia să vorbească primul, aia eram eu. Profa de română mi-a zis că nu era de acord cu ce am scris, dar că am scris bine, așa că trecusem la olimpiada de sector. Știam că nu ar fi făcut niciodată asta din milă. Așa că m-am dus și la aia.

Oameni și oameni

Am avut dintotdeauna o problemă cu Eminescu. Cam de când comentam papagalicește poeziile lui în care, așa cum zicea mama, *„natura era rama și iubirea era tabloul*”. Eminescu era motivul pentru care nu ajungeam niciodată la olimpiadele de română pe municipiu. Până la finalul comentariului rămâneam fără pic de răbdare pentru emoțiile lui. Când a murit mama, am regăsit în excesul romantic al poeziilor eminesciene ceea ce simțeam. Iubirea lui imposibilă era acum și iubirea mea imposibilă. Mai mult, oamenii se străduiau să o facă și nepermisă. El suferea după Veronica, eu, după Mama.

Poate că am scris despre ce mă durea pe mine, când a trebuit să-i comentez din nou poezia, sau poate că am fost mai atentă fiindcă aveam nevoie să mă agăț de o mică victorie, cert e că am trecut în etapa pe municipiu și mi-am dat singură un motiv să rezist. Au urmat săptămâni în care am cărat geamantane de cărți de la profa de română, săptămâni în care am citit enorm de multă poezie și critică literară – începusem să fac asta de când era mama în spital. Nu vedeam clar, fiindcă depersonalizarea îmi fura concentrarea privirii și transforma paginile cărților în tablouri impresioniste, dar mă încăpățânam și continuam.

Pentru că nu fusesem diagnosticată și pentru că nu aveam cu cine să vorbesc despre sănătatea mintală și ce înseamnă asta, singura care își dădea cu presupusul eram eu: ba că am nevoie de ochelari, ba că e nevoie să dorm mai mult, ba că sunt stresată. Conștientizam că trecusem printr-o traumă, știam exact ce înseamnă asta, dar credeam că trauma e ceva care rămâne în cap, în gânduri, care te face să nu te mai ridici din pat fiindcă îți face mintea terci. Habar n-aveam că trauma putea să preia controlul asupra corpului meu. Începuse din seara în care murise mama: atunci am albit peste noapte, de parcă corpul îmi spunea „*Simt ce simți tu, acum se și vede. Acum văd toți*".

Olimpiada pe municipiu a picat în ziua majoratului meu. Spre surprinderea mea, subiectul principal era să comentez același citat care îmi căzuse și la faza pe școală. „*Bacovia este singurul poet român care a coborât în infern.*" M-am uitat la foaia aia cu subiectele și mi-am dat seama că nu am în față un subiect, ci o alegere. Știam că profa de română nu fusese de acord cu felul în care comentasem primul citat despre Bacovia și m-am prins că puteam să scriu ce voiau profesorii să audă – anume cât de viscerală, îndoliată și infernală este poezia marelui nostru geniu simbolist. Pe de altă parte, puteam să scriu ce credeam. Că întunericul, de orice fel ar fi el, este temporar. Că lumina găsește crăpături prin care să se strecoare. Că e OK să nu te simți vinovat pentru lumina aia care despică întunericul, fiindcă îți este exterioară. E lumina celorlalți, care te așteaptă să te întorci printre ei.

Aveam nevoie să cred că nu voi fi condamnată la întuneric etern, așa cum părea să fie Bacovia. Îi citisem biografia, iar viața lui nu avea nicio legătură cu poezia lui. Știam că își provoca singur delirurile, că se împingea până când dădea din nou de durerea care-i năştea poezia. Se condamnase singur să simtă aşa, dar eu nu voiam asta. Aşa că mi-am scos inima din piept şi-am împăturit-o în hârtia aia pe care o aveam în faţă aşa cum îmi împăturea mama sandviciurile când eram în generală. Înţelegeam durerea. O şi trăiam. Aşa că n-am mai avut chef să fiu politicoasă: credeam în continuare că Bacovia e un tâmpit care îşi provoca singur durerea, în timp ce eu eram o tâmpită care nu ştia cum să o facă să înceteze. Am scris acelaşi lucru pe care l-am scris la olimpiada pe şcoală şi m-am ales pe mine. Mi-am dat voie să fiu, chiar dacă asta însemna că nu urma să trec la olimpiada pe ţară – ăsta fusese singurul meu vis referitor la şcoală, să ajung în lotul naţional la română. După ce am ieşit din sală, mi-am cumpărat singură un buchet de lalele şi am sunat-o pe profa de română ca să-i povestesc ce am scris. Era rezervată cu privire la şansele mele de reuşită, dar eu eram destul de mulţumită de ce scrisesem, chiar dacă fusesem incomodă pentru cei care mă citeau. Nu credeam în *cum scrisesem*, ci *în ce scrisesem*. Era adevărul meu şi mă ajutase să-l declar chiar şi unor necunoscuţi care corectau lucrări.

În seara aia mi-am sărbătorit majoratul cu prietenii într-o bodegă de lângă liceu. Majoratul a urmat tiparul standard: am băut ca nişte animale, am ascultat de câteva ori Vama Veche – „Am doar 18 ani" –, am comandat pizza, am mâncat, am băut, am vomitat în faţa bodegii. M-am simţit vinovată că-mi serbez majoratul, dar voiam să par bine, deci acest simulacru mă ajuta să menţin în continuare aparenţele. Am băut ca să uit de vinovăţie, dar alcoolul îi dădea şi mai multă forţă. Era trecut de zece seara când a sunat telefonul. Am oprit muzica şi am răspuns. N-a fost nimic dramatic, ca-n filme. Se lăsase tăcerea fiindcă ceilalţi aşteptau să termin mai repede de vorbit ca să reluăm bairamul. În ziua în care am făcut 18 ani, profa de română mi-a zis că am intrat în lotul olimpic pe țară, cu a doua notă pe capitală. Eram sigură că ăsta fusese un cadou de la mama. Primisem vestea în momentul perfect, scrisesem ce crezusem, fără niciun fel de compromis. Era felul ei de a-mi da încă un moment pe care să-l aștept, încă ceva pentru care să merite să trăiesc.

Ca să ne pregătească pentru reprezentarea capitalei, inspectoratul ne-a pregătit cu cei mai buni profesori de limba română din București, iar în lunea de după Paște ne-au trimis la Botoșani. Tata a plecat la rudele noastre din Constanța și m-a lăsat singură peste weekend. Când am fost să împart de Paște, câinele vecinilor m-a mușcat. Am sperat că mușcătura aia n-o să se transforme în vreo turbare, deși oricum nu-mi prea păsa. Am mâncat un ou fiert, mi-am făcut bagajele, am dormit cu luminile aprinse, fiindcă mi-era teamă de întuneric sau de singurătate, iar a doua zi m-am trezit devreme ca să ajung la gară. Nu mai făcusem niciodată sărbătorile de una singură. Singură de sărbători. Singură fără mama, care exagera mereu reușitele mele, spunându-le celorlalți că am ajuns la faza pe univers când eram la olimpiada de sector. Singură în gară și singură cu gândurile mele în tren, până când m-am săturat de atât de multă singurătate și m-am hotărât să le dau celorlalți oameni o șansă.

La Botoșani, unde avea loc olimpiada, lotul nostru a fost cazat cu lotul brașovenilor. Nu mai eram mitici, pentru că acum eram toți împreună fie tocilari, fie olimpici – depinde pe cine întrebai. După câteva sticle de votcă am început să povestim mai multe despre cine suntem, ce facem acolo, ce citim. Am continuat să bem până în momentul în care am devenit cei mai buni prieteni și am început să ne spunem tot, să ne arătăm cicatricile, să ne împărtășim poveștile, să ne recunoaștem greșelile, să ne iubim așa cum nu mai iubise nimeni înaintea noastră și cum nu avea să mai iubească nimeni după. Le-am explicat exact nuanța de negru a dracului meu, cât de mult o iubeam pe mama și cât de devastată eram fiindcă o pierdusem, iar ei, ca olimpici la română, m-au încurajat să scriu despre asta. Dacă tot era deschisă rana, măcar să fie deschisă deasupra unor pagini albe care așteptau ceva, orice.

Scriam întruna despre mama, din dorința de a nu pierde din detaliile ei, dar o pierdusem cu totul din vedere, pentru că o idealizam. O urcasem pe macara, iar eu eram o furnică pierdută-n iarbă. Nu existau nuanțe, totul la ea era bun. Totul era perfect. Nu avea colțuri, doar rotunjimi. Făcusem asta nu doar fiindcă *despre morți numai de bine*, ci fiindcă acela era adevărul meu din acel moment. Mama fusese perfectă, iar eu nu reușisem să o salvez. O salvasem înainte, de vreo două ori, fără ca măcar să știu. Când am încercat, nu am reușit. Trăia acum doar în amintirile mele în care mirosea a pâine prăjită și a cacao cu lapte, amintiri cu gust de unt topit. Voiam ca amintirile alea să fie o casă curată, luminoasă, fără pânze de păianjen, fără ulei întărit pe aragaz și pete de cafea pe blatul din bucătărie. O casă-bec, care să te orbească cu strălucirea ei. Dar o casă care arată așa este fie o casă de vânzare, fie o casă de-abia curățată care va fi repede înghițită de dezordine.

Amintirile sunt dezordonate, nu liniare. Poți să-nchizi ochii și să-ți amintești sâmbetele în care stăteai pe burta mamei tale și te uitai la desene animate și în secunda următoare să-ți intre-n ochi acel moment precis în care ți-ai luat o palmă fiindcă i-ai zis că e o proastă. Ambele sunt oglindiri ale aceluiași om și poate că, în loc să ne străduim atât de tare să amputăm tot ce ni se pare dezonorant pentru amintirea persoanei respective, ne-ar ajuta mai mult să ne străduim să înțelegem cine a fost. O prezentam celorlalți pe mama sub o formă ideală, de teamă că dacă nu o să fac asta oamenii vor crede că nu o iubesc suficient de mult sau, și mai rău, că de undeva din înălțimile cerești mă va auzi chiar ea și va crede același lucru, de parcă asta faci dacă ajungi în rai, tragi cu urechea la cei rămași în urmă ca să vezi ce zic despre tine. Dacă alegi să vezi doar ce îți place la un om, ce crezi că ar vrea el să vezi, nu înseamnă că îl cunoști. E o perioadă din procesul de jelire și, ca orice perioadă, trece. Apoi începi să recuperezi tot ce poți, secundele de bine și cele de rău, și să recompui omul așa cum a fost: un om, nu un sfânt pe Pământ. O mamă plecată de la țară, ajunsă la oraș, care s-a străduit din răsputeri ca noi să avem o viață un pic mai simplă decât a ei, o viață pe care ne-a complicat-o inimaginabil când a murit, fiindcă nici măcar nu conștientizam cât de mult o iubeam. E o poveste clasică, da, dar n-am iubit-o pe mama din motivele clasice: această femeie care și-a știut locul și a muncit și a făcut și a izbutit. Nu, o iubeam pe mama atât de mult pentru că nu și-a știut locul, pentru că nu s-a simțit nicio clipă inferioară nimănui și pentru că ne-a învățat același lucru.

Noi știam că mândria ei nu exista în relație cu noi, ci doar cu ceilalți. Nu existau distanțe între noi. Era mereu de gardă, fiind mamă, gata să ne oblojească rănile cauzate de băieți proști, colegi răutăcioși sau sindrom premenstrual și la fel de pregătită să ne tragă un șut în fund dacă exageram cu vreuna dintre poveștile astea. Și-a trăit viața de parcă mânca semințe și nu se putea opri, departe de a fi ideală, sfântă, fără pată, pretențioasă. Mama era unul dintre acei părinți enervanți care dansau la petreceri și care te făceau să te simți ca o babă plictisitoare de fiecare dată când ți-era rușine cu ei și nu voiai să li te alături. Țin minte o nuntă la care a dansat pe muzică arăbească și m-a învățat și pe mine – trebuia să mă prefac că înfiletez un bec, așa mi-a descris dansul. Arătam amândouă ca doi electricieni care nu știu ce fac, dar eram atât de fericite.

Mereu mă întreba dacă îmi e rușine cu ea, ca atunci când am zburat prima oară cu avionul și a luat sandviciuri la noi, fiindcă nu știa dacă vom avea mâncare în avion și nu voia să arunce banii pe prostii. Și, da, erau momente în care îmi era. Acum mi-e rușine cu ce gândeam atunci, pentru că era o prostie să-ți pese de oameni care te judecă prin prisma unor lucruri pe care nu le poți alege, categorie din care fac parte părinții. Într-un fel, povestea pe care o ziceam despre ea era construită de mintea mea. O idealizam pentru că aveam nevoie să mă leg de perfecțiunea ei, dar idealizarea îi știrbea strălucirea. E unghiul din care văd idealizarea azi: un fel de a-ți fi rușine că oamenii pe care i-ai iubit au fost doar oameni. Incapabilă să mă desprind, îmi spuneam ce aveam nevoie să aud.

Olimpiada de română m-a făcut să văd clar că, dacă vorbeam, oamenii mă ascultau. Durerea putea deveni, la nevoie, o sursă de inspirație. Puteam scrie despre cicatrici, despre țărușul din inimă, despre scobitoarea care mi-a străpuns gingia și parcă, recunoscând că mă doare, durerea îmi mai dădea drumul un pic. Am băut cantități impresionante de votcă, deși nu mi-e clar dacă a fost chiar așa sau așa am reținut pentru că voiam și eu să fiu *cool*, ne-am plimbat prin librării și am cumpărat cărți pe care ni le-am făcut cadou între noi, m-am aprins după un tip din Brașov, el după mine, apoi distanța dintre noi ne-a dat foc amândurora. Dar a fost frumos, prima oară după multă vreme, genul ăla de frumos care părea o promisiune că poate să fie din nou bine. Da, Bacovia n-avea dreptate.

Am luat prima mențiune pe țară la olimpiadă, cu un punct pierdut pe un subiect la care am răspuns corect, dar nu conform baremului, și m-am superbucurat. Pentru că nu voiam să câștig; voiam să trăiesc. Asta mi-am dorit în toții anii care au urmat. Visul frumos din Botoșani s-a terminat în Gara de Nord, cu un tren care prima oară în istoria CFR-ului n-a avut întârziere. Am ajuns acasă și l-am găsit pe tata în pat cu o femeie. Trecuseră trei luni de când murise mama, dar el o mințise că e văduv de mai multă vreme. Am țipat la ea și i-am zis că e o parașută, apoi m-am închis la mine în cameră și am început să plâng în timp ce citeam o carte care se numea *Cineva cu care să fugi de acasă*. Aș fi vrut să fug, dar n-aveam cu cine, n-aveam bani și n-aveam forță. Așa că am rămas în casa aia cu tata, gândindu-mă în continuare că poate a murit părintele greșit. Când m-am trezit, femeia aia era tot acolo. I-am cerut iertare, am mâncat mâncarea ei, am constatat că n-avea gustul mâncării pe care o știam eu și m-am retras din nou la mine-n cameră. M-am uitat la parchet: părea suficient cât să-mi construiesc o plută. Aș fi vrut să navighez pe Styx și s-o găsesc pe mama.

Metrou

Adolescența are colți. M-aș fi înfipt în oricine îmi vorbea în alți termeni despre lucrurile în care credeam, fiindcă nu voiam să-mi dezbat perspectivele, voiam să mi le confirm. Consideram că oamenii care se sinucid sunt niște lași care nu înțeleg că viața, oricât de grea ar fi, este un dar. Că suntem privilegiați să trăim și că trăitul nu este o treabă ușoară. Dar când mă gândeam la toate astea, viața mea era una în care singurele drame pe care le aveam erau cele emoționale, cu băieți care nu răspundeau imediat când le dădeam BUZZ pe Y!M. Nu înțelegeam de ce ar alege vreodată cineva să își pună capăt zilelor, pentru că nu-mi exersasem niciodată real empatia. Lumea se învârtea în jurul buricului meu, buricul întregii lumi.

Eram în stația de metrou de la Basarab și mă întrebam dacă nu ar fi mai bine să mă arunc în fața trenului când intră în stație. Depersonalizarea, care încă nu avea nume, mă făcea să văd dublu. M-am uitat la mâinile care-mi atârnau pe lângă corp și m-am întrebat dacă-s ale mele, în timp ce sensul a devenit o noțiune fluidă, care mi se scurgea printre cele 20 de degete. Nu aveam multe certitudini, dar știam că nu puteam să mai trăiesc așa. Mai mult decât atât, nu voiam să trăiesc o viață întreagă cu toate mințile în cap și inima vraiște. Îmi doream să trăiesc, da, dar nu *așa:* în lumea asta, cu toți oamenii, și cu o parte prinsă altundeva, o parte pe care n-o puteam ajuta să iasă de unde era. Luminița de la capătul tunelului mi se arăta – olimpiadele, profa de română, soră-mea. Când mă apropiam, se stingea și se aprindea mai departe. Mă străduisem să fiu bine și nu eram bine. Pentru alții, binele era ușor. Pentru mine, nu. Farurile metroului erau o altfel de luminiță de la capătul tunelului.

Am făcut un pas în față, peste banda aia albă care delimitează viața de moarte. Ce voiam să fac nu mi s-a mai părut lașitatea supremă, ci dimpotrivă. Alegeam restul poveștii mele. Finalul poveștii mele. Dacă nu puteam să aleg cum să trăiesc, alegeam cum să nu mai trăiesc. Atât mă separa în acel moment de mama: un pas. Metroul a oprit în stație, iar eu am rămas acolo, cu vârful piciorului pe banda albă, cu ochii înlăcrimați, în timp ce oamenii coborau, urcau și mă înghionteau, iar eu simțeam că nu mai știu cine sunt, că locuiesc într-un corp care nu-mi aparține, că nicio durere fizică n-are cum să bată ce simt. Mi-ar fi plăcut să fie un moment revelatoriu ăsta, unul în care, ca protagonistă a propriei vieți, mă ridicam din cenușă și continuam. Dar n-ai cum să te ridici din cenușă dacă n-ai ars până la capăt, iar noi nu suntem păsări Phoenix, ci oameni. Am rămas nemișcată pe peron. Nu mai așteptam metroul, mă așteptam pe mine. M-am întrebat ce aș putea face și n-am știut ce să-mi răspund. Ce știam era că nu încercasem încă tot.

Am ajuns acasă, m-am băgat în pat, am dormit ca-n toate zilele alea, dorindu-mi să nu mă mai trezesc, iar a doua zi, când am ajuns la școală, i-am cerut profei de română ajutorul. I-am zis că nu știam ce să mai fac ca să fiu bine – deși, de fapt, nu făceam nimic. Mi-a spus atunci că fiica ei este terapeut și m-a întrebat dacă nu aș vrea să încerc, să văd dacă mă ajută. Nu mi-a impus, n-a insistat, mi-a dat numărul ei de telefon, iar câteva zile mai târziu eram acolo, pe un fotoliu, în fața acestei persoane care mă întreba cine sunt.

Nu am fost un pacient cooperant. Am intrat în cabinetul ei din Cișmigiu crezând că numai oamenii fără prieteni au nevoie de terapie. Eram decisă să-i fac viața un iad și să fiu acel caz pe care nu-l poate rezolva, pentru că eu eram bine, deși cu o săptămână în urmă îmi dorisem să cobor din lumea asta la stația la care mă aștepta mama. Mi se părea că durerea mea e specială, că e singura adevărată într-o lume de suferinzi închipuiți. Mă judecam până și pentru dramele de dinainte de asta, drama care mă lăsase fără aer și fără spațiu, fără corp și fără inimă. Aș fi vrut să fi păstrat mai multe rezerve emoționale, mi se părea imbecil că le consumasem pe prostii. Îi povesteam ce visam, uneori niște vise incredibil de directe, de parcă mintea mea nu mai avea chef să depună efortul inventării simbolurilor, alteori îi povesteam altele, care frizau promiscuul, ca s-o șochez. Îi ziceam ce mă gândeam că vrea să audă, hotărâtă s-o țin la distanță, s-o pedepsesc pentru că vrea să mă vindece de ceea ce simt. Eram bine. Eram acolo, la ea, ca ea să-mi spună mai repede că așa e, că sunt bine, iar eu să mă întorc la a nu fi, de fapt, bine.

Ne simțim vinovați când continuăm să trăim fără cei pe care i-am iubit. Aș fi vrut ca durerea să mă nimicească, dar ea doar mă ciugulea. Nu mă lăsa să trăiesc ca înainte și era suficient ca eu să nu-mi mai doresc să trăiesc deloc. Durerea e mereu glorificată, dar o doză infimă e suficientă ca să nu mai vrei nimic. Nu ajută nici faptul că durerea e mai degrabă un personaj de film. Acolo personajele suferă, plâng și apoi răzbat, dar în viața reală, în care n-aveam suficientă practică pe-atunci, oamenii îți închideau gura de parcă ar fi fost un fermoar. Tata părea că-și continua liniștit viața – femeia aia din patul lui era o dovadă cu picioare. Eu rămăsesem blocată în același loc în care lumina se arăta uneori orbitoare, deci nu puteam să mă țin după ea, iar alteori întârzia prea mult. Durerea nu e romantică. Trebuie să te trezești în continuare, să-ți pui chiloții, să te speli pe dinți, să îți bei cafeaua, să mănânci, să dai cu aspiratorul și să faci toate astea în timp ce îți șoptești întruna că mama ta nu mai e acolo. Ea era înainte șoapta – cât timp ea era acolo, tu erai în siguranță. Speli vase și te întrebi unde e, dacă mai urmează o viață după asta, dacă particulele care se ciocnesc chiar sunt legate pentru totdeauna. Te pişi și te întrebi dacă e OK să te gândești la ea în timp ce te pişi – oare e okay să te doară chiar și-atunci? Te bagi în pat, iar la tine în cameră e frig și întuneric. Te întrebi dacă așa e într-un coșciug. Te întrebi de unde vin viermii ăia care ne transformă în nimic și apoi te străduiești să nu te mai gândești la asta, dar nu poți. Imaginile dau năvală în mintea ta fără cuvinte și strângi degeaba pleoapele, că totul se întâmplă la tine în cap. Nu poți opri nimic. Durerea nu e echilibrată. Râzi cu prietena ta până când vă dor fălcile pe amândouă, apoi durerea taie cu satârul momentul și te întrebi dacă mama ta a văzut asta. Te întrebi dacă ar fi mândră de tine. Te întrebi dacă poate să vadă ce gândești. Oare te doare suficient încât ea să știe fără echivoc că o iubești? Bei cu o bere mai mult decât trebuie, adică una, și prinzi curaj să flirtezi, apoi te oprești brusc fiindcă *ar trebui* să te doară și uitaseși asta.

Mi s-a zis des că asta e ordinea firească a lucrurilor: să moară părinții înaintea copiilor, de parcă asta ar fi trebuit să mă ajute. Durerea nu ține cont de nicio ordine firească, pentru că nu te pregătește nimic pentru ea. Se strecoară, mergând pe vârfuri, în orice moment care pare să aibă potențialul de fericire și îți amintește că trăiești. Dar nu e o vină, nu e. E un privilegiu. Chiar și când simți că nu mai poți. E groaznic că oamenii mi-au pus mâna la gură când voiam să vorbesc; poate că voiau să mă răpească fără zgomot din fața durerii. Nu mi-au făcut bine, iar eu nu credeam că știu mai mult decât ei. Aveam 18 ani și murisem deja o dată. Crucea nu era pe mormântul meu, dar o căram în fiecare zi.

Terapeuta a avut răbdarea pe care eu nu am avut-o cu mine, în disperarea de a fi bine cât mai repede. Mi-a ascultat toate visele, mi-a explicat ce înseamnă. Și-a dat seama că, în pofida declarațiilor mele cu privire la cât de matură sunt, nu știu mai nimic, așa că m-a supus umilinței supreme, intitulată *sandplay*. Adică m-a băgat într-o cameră destinată copiilor, plină cu figurine de plastic de tot felul, de la girafe, văcuțe, mașinuțe și până la păpușele, pe care trebuia să le aranjez într-o lădiță cu nisip. Aveam 18 ani, eram mare, supraviețuisem în ciuda durerii, nu puteam să fac scenarii complexe de joc în lădița aia de nisip. Așa că luam niște pietricele din care făceam mereu un omuleț cu mâini, picioare și zâmbet pe față. Mă punea să fac asta la finalul fiecărei ședințe, iar eu făceam mereu același omuleț, convinsă fiind că asta o va enerva, că o va intriga, că durerea mea nu se va vindeca.

Am început să vorbesc cu terapeuta, pentru că mă asculta. Nu mi-a zis că asta era ordinea firească a lucrurilor, nu mi-a pus mâna la gură, nu m-a obligat să mă gândesc doar la lucrurile bune. Nu m-a făcut să mă simt vinovată că trăiesc. Mi-a explicat că ceea ce simt se numește depersonalizare și m-a încurajat să-i zic tot ce-mi trecea prin cap.

M-a lăsat să construiesc același omuleț din pietricele de fiecare dată. M-a lăsat să-mi trăiesc durerea, revolta și adolescența în același timp. Mi-a dat voie, așa cum îmi dăduse mama voie cu ani în urmă, să fiu cine eram. Am trecut dincolo de superficial și, după ce mi-am dat seama că nu e acolo ca să mă contrazică, i-am arătat rănile mele și am vorbit despre ele. Iar ea nu le-a vindecat, dar m-a ascultat. Simțeam dinainte că, dacă nu voi învăța să vorbesc despre ce mă doare, nu o voi mai putea face niciodată, că-mi voi înfige colții fără avertisment în oricine mă va atinge acolo unde nu vreau. Dar ea nu mă atingea, mă lăsa în pace. Era un spectator al durerii care nu aplauda, care nu se ridica în picioare la finalul piesei de teatru, care nu mă încuraja în exagerare. Ea mi-a normalizat durerea, m-a făcut să înțeleg că am voie să simt orice aș simți. Pare puțin, dacă te gândești la durere ca întreg. Dar cu ea am vorbit prima oară cu adevărat după ce a murit mama și ea m-a făcut să înțeleg că, dacă ne prefacem că nu s-a întâmplat nimic, nu înseamnă că e așa.

De la ea am înțeles cât de greu e să te vindeci. Și cât de puțin contează *ordinea firească a lucrurilor* când ele se întâmplă imprevizibil. Pentru că, da, ordinea firească a lucrurilor este ca părinții să moară înaintea copiilor, dar nu când copiii sunt mici, oricât de mult ar crede ei că sunt mari. Aveam 11 ani când simțeam rușinea de a spune poezii în poala unui Moș Crăciun din familie, dar asta nu mă făcea mai puțin copil. Așteptam cadourile cu aceeași fluturare de inimă. Durerea te pune în poziție de drepți. Vrei să ai demnitate, oricare ar fi vârsta ta. A mea mă pusese în poziție de drepți și mă lovea în față. Fără mama, nu am mai fost niciodată frumoasă, deșteaptă sau cea mai cea. Voiam să fiu om mare, pentru că mi s-au părut mereu plictisitori copiii. Fără ea, n-am mai vrut să fiu decât copil. Numai cu ea puteam să fiu copil – pusesem la păstrare momentele alea pentru când urma să îmi aleg facultatea, bărbatul, rochia de mireasă, numele copiilor. Fără mama, eu nu mai puteam să fiu niciodată copil. Fără mama, nu-mi rămânea nimic decât să fiu cine sunt. Și, când nu știi cine ești, când ești nimic, e greu.

Ne dorim să murim odată cu oamenii pe care i-am iubit. Și chiar murim odată cu ei. Ne îngropăm în ce ne zic ceilalți că ar trebui să fim, să simțim, să tăcem, cărăm cruci din cuvinte nerostite. Dar ce nu ne spune nimeni e că oamenii nu se termină, atât timp cât iubirea noastră continuă. Ce nu ne spune nimeni e că iubirea e lipsită de evenimente, că poți iubi în multe feluri și că ai făcut-o, cel mai probabil, fără să știi. Ce nu îți spune nimeni e că poți să plantezi lalele în noiembrie pe mormântul mamei tale, ca să te asiguri că primăvara o să vină și la ea, și că ăsta e un fel de iubire. Ce nu îți spune nimeni e că lumea va continua cu sau fără tine, cu sau fără noi, și că suntem neimportanți. Așa că n-avem încotro decât să ne iubim, în lumea asta sau în orice va urma după ea, în orice alegem să credem că vine după, în orice ne ajută, în oricine ne ajută. Credeam că sunt singură pentru că nu mă gândisem să cer ajutor. Dar, când am făcut-o, mi s-a dat. Am vrut să-l refuz și nu am putut, fiindcă ajutorul real nu întreabă, deci nici tu nu ai cum să-l refuzi.

Durerea e ceva ce trăiești când ești pe WC. Când te speli pe dinți. Când râzi. Când câștigi și, mai ales, când pierzi. Durerea nu ține degetul mic sus când bea ceai, te ține pe tine jos. Durerea nu e elegantă. Iar ajutorul nu e un *deus ex machina*, nu o să conspire universul pentru tine, fiindcă nu contezi decât pentru cei care te iubesc. Cere ajutorul și, dacă nu îl primești, cere-l din nou. Cineva e mereu pe vârfuri, la fel ca durerea, gata să te ajute. Nu ești singur, nu ești niciodată singur. Așa cum îi iubești pe oameni, cu forța aia care cuprinde ce e bine și ce e rău, cineva e acolo, așteptând să facă din durerea ta un sens în viața lui, să dea un sens vieții tale. Poate un terapeut, poate o soră, poate ambele. Idealizăm oameni și ne idealizăm durerea, când, de fapt, am face bine să ne dăm seama că iubim oamenii pentru *ce sunt*. Paradoxal, asta include și ce nu sunt. Dacă îi iubim pe ei așa, la fel ar trebui să ne iubim și pe noi: cu ce putem face și ce nu putem face. Nu am cum să n-o mai iubesc pe mama, n-am cum s-o fac, n-am de gând să o fac. Nu pot. Asta e limita mea.

Mă uit la fața mea în oglindă și o văd pe mama, dar mă văd mai mult pe mine. Oamenii au intrat în *camera asta doar a mea* și mi-au zis că ar trebui s-o uit, că așa a fost să fie, că lucrurile se întâmplă. Însă eu știu că stau pe umerii ei ca să ajung la tavanul galben din sufragerie și chiar mai sus. Înveți să trăiești cu durerea. În cele din urmă te face mai bun: ești atent la durerile celorlalți, înveți să fii acolo, să asculți, să taci, să descoperi universalitatea în ceea ce pare unicitate. Durerea te lovește în față doar ca să treci printr-o rinoplastie sufletească – doar dacă poți să nu te mai simți nedreptățit și important, dacă poți să renunți la *eu* pentru *noi*.

După câteva luni m-am uitat cu adevărat la omulețul ăla făcut din pietricele, o simplificare a emoțiilor mele. Și i-am pus o inimă. A fost ultima mea ședință de terapie din acea perioadă. Am înțeles ce lăsasem în urmă din mine: dorința de a trăi, emoțiile, contactul cu ele. Am înțeles tot. Sunt unul dintre oamenii care își vor iubi mama ca în prima zi și ca în ultima, sunt unul dintre oamenii care vor supraviețui durerii de a o fi pierdut, sunt unul dintre oamenii care știu că durerea e doar o parte din tot ce vor fi ei. Nu sunt singura. Suntem mulți.

Azi

Credeam că viața o să fie blândă cu mine după ce mi-a luat-o pe mama. Credeam că mă va premia pentru că am supraviețuit, dar supraviețuirea nu e un moment, e tot ce urmează după ce ai descoperit că încă mai miști. Nu a fost ușor să intru la facultate. Mai mult, am picat examenul de admitere la jurnalism după ce mă pregătisem un an. Am intrat la fără frecvență, ceea ce m-a aruncat într-un întuneric pe care nu l-am înfruntat și am început să beau atât de mult încât aproape că am devenit alcoolică. Visam urât și numai votca mă ajuta. Când beam, visam negru, fără coșmaruri. Nu o mai pierdeam pe mama în fiecare noapte.

Am intrat la facultatea care era pe locul doi în preferințele mele – și aproape că n-am intrat nici la aia, fiindcă era pe bază de dosar. M-am chinuit făcând două facultăți în același timp și lucrând un job full-time timp de câțiva ani. Eram atât de obosită încât îmi doream să mă lovească mașina ca să-mi rup un picior și să apuc să dorm mai multe ore în spital, mai multe zile, departe de tot ce mă strivea. În tot acest timp, tata insista să renunț la facultate și să devin casieriță într-un supermarket, ca să aduc bani în casă. Mi-era dor de mama în fiecare zi. A vrut să termin o facultate, așa că făceam două. Mă întrebam în fiecare zi ce mi-ar zice, iar ea nu se răstea niciodată când îmi răspundea.

Am trăit *in memoriam*. Mama m-a crescut chiar și fără să mai fie aici; cuvintele ei au devenit recolte întregi de lecții. Am știut mereu că ea credea în mine. Credea în mine ca om, dincolo de a-i fi copil. Credea că pot. Așa că, atunci când nu mai puteam, mă refugiam în brațele acestei mame cosmice și mai trăgeam de mine un pic. Am făcut din timp anafură: luam zilele pe stomacul gol dimineața, uneori oricum n-aveam ce mânca, rugându-mă să mai rezist până când se lasă seara. O zi. Încă una. Și încă una. Mama n-a mințit, pentru că nimic din ce a urmat nu a fost ușor.

Credeam că după rău venea binele, pentru că eram convinsă că viața are un sens. Nu știu, sinceră să fiu, dacă lucrurile au un sens. Știu că noi avem nevoie ca lucrurile să aibă un sens. Dacă e greu să impresionezi o mamă care există – și care, fie vorba între noi, chiar nu avea nevoie de foarte multe pentru a fi impresionată –, când ai de-a face cu o mamă care nu mai e, baremul de evaluare e cu mult mai exigent. Dar asta mi-a dat mie sens când nu puteam să accept că e foarte probabil ca lucrurile să nu aibă direcție. Am vrut s-o fac să fie mândră de mine. Atât de mândră de mine încât să nu-i mai încapă inima în piept. Să ajung la cimitir și din mormântul ei să răbufnească violent un bujor de culoarea inimii ei, să fi crăpat mormântul de mândrie. Aș fi vrut s-o fac să fie atât de mândră de mine încât să îi găsesc piatra funerară plină de luminițe, ca să știu că e petrecere în rai. Nu trăiam pentru mine, trăiam pentru ea. Mușcam din pernă nopțile. Cât timp mă durea, știam că o iubesc. Știam că e încă aici. Și m-a durut ani întregi. Când vorbeam despre mama, simțeam cum începea să mi se răsucească inima în piept de parcă se îmbârligase în pătură. Așa verificam dacă o mai iubesc. *Mă doare? Da. Atunci o iubesc în continuare.* Mi-am zis mereu că nimic din ce mi se va întâmpla nu va durea la fel de tare ca moartea ei și că deci nimic nu mă va mai putea răni. Am crezut asta, așa că orice durere pălea pe lângă durerea legată de pierderea ei, o durere pe care o hrăneam, fără discriminare, cu durerile astea mici: că au fost unii răi cu mine la job, că nu mă place Xulescu, că tata nu e prezent în viața mea și nu vrea să știe cine sunt, că am salariu prost, că am luat o notă mică, că nu îi pot recompune chipul mamei când închid ochii. Am hrănit durerea asta mare cu orice am prins, ca să nu mă mănânce cu fulgi cu tot. Și am ajuns să cred că durerea asta este iubire. Am ajuns să cred că iubirea este durere. Am ajuns să cred că îi datoram mamei durerea mea și am crezut că dacă nu te doare ceva înseamnă că nu iubești.

M-am complăcut în relații în care eram inconfortabilă pentru că dureau, deci asta însemna că îl iubeam pe celălalt. Am văzut asta la ai mei – se iubeau, dar mereu le era greu –, deci nu putea fi altcumva. Am stat în relațiile astea ani în șir ca-n niște căzi cu apă rece, până m-am trezit la realitate. Mi-am dat seama că poate ai mei s-au iubit fiind incompatibili și că, dincolo de orice sens ar avea sau nu viața, eu nu sunt aici ca să clonez niște tipare pe care le-am văzut. Ani întregi după aceea am crezut că sunt datoare amintirii ei cu durerea mea, pentru că nu-i spusesem niciodată că o iubesc, pentru că nu-mi aminteam un moment cu adevărat special în care să-mi fi spus că mă iubește. Dacă nu-mi aminteam, înseamnă că nu existase.

E important să le spui oamenilor ce simți. E important să-i asculți. Am făcut-o când trăia mama? Poate, dar fiindcă nu îmi amintesc simt că nu. O fac acum. O aud acum. Și tot ce-mi zicea ea contrazice tot ce am făcut eu când aveam 20 de ani. Și în următorii zece ani, în care m-am zbătut să-mi construiesc propria poveste Disney, crezând că iubirea este ceva extraordinar, când de fapt este ceva banal. E cafeaua pe care o faci dimineață, e nurofenul pe care i-l aduci celuilalt după o beție, e momentul în care accepți că e diferit de tine, dar suficient. Iubirea-iubire este ceva despre care e greu să scrii, pentru că e lipsită de evenimente. E acolo și e bine și n-ai ce alte detalii să dai decât că e bine. E orice altceva, mai puțin durere. Iubirea e plictisitoare de-a dreptul. Plictisitoare erau și chiftelele pe care le făcea mama sau felul în care ne uitam la televizor sau cum am învățat-o să răspundă la e-mailuri. Plictisitoare ar fi putut fi și relația noastră, dacă ea ar mai fi trăit: mi-ar fi aprobat sau dezaprobat prietenii, m-ar fi întrebat cum e la job, m-ar fi certat că-mi rod unghiile. Aș fi mers la ai mei de sărbători și aș fi mâncat salată de boeuf și aș fi stat pe telefon, pe jumătate răspunzându-le la întrebări, pe jumătate ignorându-i. Aș fi îndurat neobosită tirada de întrebări referitoare la *când o să mă mărit* și *când o să fac un copil* și *ai 30 de ani deja* și n-aș mai fi scris cartea asta niciodată. Aș fi preferat să fie așa, doar că nu știu ce om aș mai fi fost azi. De fapt, nu am murit odată cu mama. M-am născut de două ori: când m-a născut mama și când a murit. N-are sens să-mi imaginez alt scenariu și nici n-o fac. Viața mea e viața mea. Viața ei a fost viața ei. Mă bucur că ne-am amestecat viețile, chiar dacă încă mă străduiesc să le despletesc, ca să-mi dau seama dacă sunt mai mult ea sau mai mult eu.

Suntem mai atenți la cei care mor decât la cei care trăiesc. Vrem să extragem din ei amintiri, așa că le acordăm toată atenția noastră. Și totuși poate că în loc să le ducem jerbe la cimitir am putea să le ducem buchete de flori cât încă trăiesc. Sau beri, sticle de vin și poveștile banale de zi cu zi. Am putea să ne spunem lucrurile la timp, cu riscul de a fi ridicoli sau neiubiți de ei. Poate ne asumăm riscul ăsta – că suntem îndeajuns chiar și când ceilalți nu răspund așteptărilor noastre. Poate recunoaștem că ne iubim și că nu ne potrivim, e OK și așa.

Poate să-ți fie dor și fără să te doară. Ține de obiceiuri, cred. Mi-a luat 12 ani să ajung la cimitir fără să mai fac crize. Am transformat locul acela în care pământul a înghițit-o pe mama într-o grădină. Am plantat lalele. Aprind lumânări. Știu că e oriunde altundeva numai acolo nu: pe străzile pe care am mers împreună și pe străzile pe care ea a mers singură, la Băneasa. Dar poate să-mi fie dor de ea în fiecare zi și pot să merg la cimitir pentru că nu știu unde altundeva să-mi plimb dorul. Uneori ajung în locuri superfrumoase și-mi imaginez că mama are o conexiune superproastă la internet, așa că aleg un loc care-mi place mie cel mai mult și îi fac cu ochii o fotografie pe care i-o trimit în gând. E tradiția noastră. Sper că au ajuns toate vederile. Sper că a văzut cât de departe am ajuns pentru că ea a crezut în mine când eu n-o făceam. Mi-a luat 12 ani să ajung să văd că am supraviețuit și datorită mie. Chiar și fără sens, mi-am dorit mult să mai trăiesc un pic. M-am iertat. Trăiesc azi datorită oamenilor care m-au ajutat chiar și când nu aveau încotro decât să fie lângă mine: soră-mea, cea mai bună prietenă din liceu, profa de română și fiica ei terapeută, diriga din generală, cea mai bună prietenă din facultate, cea mai bună prietenă din viață, toți oamenii care m-au scos la bere și m-au lăsat să vorbesc, toți cei pe care i-am speriat și totuși m-au iubit, rudele care mi-au fost alături când eu eram fantoma care îi bântuia pe toți.

O găsesc pe mama peste tot și totuși ea nu e nicăieri. E interesant să te gândești la asta. Când ești peste tot, ești nicăieri. Am vrut s-o recompun din ce îmi aminteam, dar memoria e un labirint, iar eu m-am pierdut în el. Am scris ce-mi aminteam pentru că am vrut să-mi trăiesc durerea până la capăt ca să-mi pot trăi viața până la capăt. Nu aș fi vrut să scriu cartea asta, iar ea și-ar fi dorit să nu scriu niciodată despre ea, sunt sigură. Și-ar fi dorit să fi însemnat mai puțin pentru noi, dar ea a fost *atât de multe*. A fost prima feministă pe care am cunoscut-o, a fost prima luptătoare pe care am întâlnit-o, a fost primul om pe care am simțit că l-am pierdut și primul pe care l-am iubit. Nu mi-e frică de moarte, pentru că ea e acolo, chiar dacă acolo nu e nimic. Nu mi-e frică de nimic și totuși mi-a fost frică să scriu ce scriu acum. Ea a murit, dar iubirea mea trăiește. Mi-e frică de iubirea asta imensă din mine, un aluat lăsat la dospit care crește și crește și totuși nu mă înghite niciodată cu totul. Îmi lasă loc pentru mine și pentru tot ce iubesc în rest.

Nu mai țineam minte dacă mi-a zis vreodată că mă iubește și atât. Simțeam forța iubirii dincolo de cuvinte. Mi-am amintit foarte târziu cuvintele ei. *„Te iubesc atât de mult încât m-aș tăia pe din două și te-aș face mică-mică de tot doar ca să te bag la loc în mine și să te nasc din nou."* N-am înțeles nimic. Înțeleg acum, când m-am născut din nou, că avea dreptate. Prima oară am făcut ochi când mama m-a născut. I-am deschis când ea a murit. Și tot ce văd e că iubirea nu e durere.

Mulțumiri

Mamei mele, care mi-a lăsat moștenire curajul și încrederea că pot să îmi fac visurile să devină viața mea de zi cu zi. Nașei mele, care m-a împins către scris și care mi-a citit mereu textele. Lui mamaie, pentru iubirea ei pe care am înțeles-o prea târziu. Surorii mele Andreea, pentru că m-a ținut de mână când ne-am întors în copilărie pentru cartea de față și asta a făcut totul să doară mai puțin. Ioanei Zvâc, cea mai bună prietenă a mea, pentru că a salvat atât de mulți cățel și pentru că m-a salvat și pe mine de atâtea ori, fără ca măcar să știe.

Le sunt incredibil de recunoscătoare Elenei Marcu și Ancăi Dumitrescu pentru toate sfaturile despre scris care m-au făcut să înțeleg că atunci când simplifici nu pierzi nimic, doar ajungi mai repede la celălalt, lui Cristian Lupșa pentru șansa de a scrie în *DoR*, lucru care m-a făcut să mă îndrăgostesc de nonficțiune, Angelei Naghi pentru că a răspuns la e-mailul care mi-a schimbat viața, lui Cătălin Muraru pentru că a citit manuscrisul și mi-a auzit vocea și Ruxandrei Tudor pentru toată răbdarea și blândețea pe care le-a avut cu mine în ultimele luni. Mulțumesc Iulianei Cîrje și Iulianei Coja, profesoarele mele de română care m-au făcut să mă consider scriitor încă de când aveam 12 ani și scriam doar în jurnal. Le mulțumesc tuturor celor care au citit variante intermediare, finale și fragmente din manuscris, vă știți voi, vă știu și eu, rămân datoare cu un pahar de vin.

Familiei mele, atât cât a mai rămas din ea, și prietenelor mele: Andreea Lotak, Tara Duveanu, Cristina Iordănescu, Felicia Zorilă, Ștefania Bercu, Georgiana Bercu, Codruța Arbore, Carina Toma, Alexandra Rădulescu, Alice Mihalache, Andreea Blejan, Adina Lica și Andreea Bozoi pentru tot sprijinul și discuțiile care m-au făcut să înțeleg mai multe din lumea în care trăiesc. Pisicii mele, Olenka, cu ochi șpanchi și o pasiune ieșită din comun pentru genți de toate felurile.

Nu în ultimul rând, pentru că se întâmplă în fiecare zi, lui Dan Pașcău. Iubirea ta mă face să vreau să fiu un om mai bun.

idei // observații // note

idei // observații // note

idei // observaţii // note

Tiparul executat de:
S.C. EVRIKA EURODIPS S.R.L.
Galaţi
E-mail: office@evrikagalati.ro